「冷凍作りおき」で平日ラクラク!

食堂あさごはんの晩ごはん

管理栄養士
中井エリカ

JN055262

主婦の友社

はじめに

私は何かを作ることが、大好きです。料理に限らず庭での野菜作りや洋服作り、極めつきはキッチンのプチリフォームまで！ 作り始めると好奇心も加わり、どんどんよいものを求めてしまいます。それがもっとも表れているのが料理です。

近所のスーパーで手に入る食材を使い、少ない材料でおいしいレシピを心がけているのですが、お店でお買い得野菜を前にして、「これで何品できるかな」とチャレンジしたのが、作りおきの始まりです。

同じ食材を食べ続けると飽きてしまいますから、冷凍保存することを思いつきました。長期保存できるので、いつでもとり出して使えるのもうれしいなと。

そんな中で冷凍作りおきが、素材のままで冷凍保存、下味をつけて冷凍保存、完成してから冷凍保存の3つに分かれることを発見。

それがわかると作りおきがどんどん活用しやすくなり、レシピが広がっていきました。

そこで冷凍作りおきの便利さやおいしさを、YouTubeチャンネル「食堂あさごはん」で配信したところ、視聴者さんから大好評をいただきました。さらに晩ごはんのレシピも知りたいというリクエストも多く、それをまとめたのがこの1冊です。
今や作りおきは、わが家の食事の基本。とくに一日の終わりの晩ごはんでは、作りおきが大活躍。どんなに忙しくても、おいしくごはんが食べられて、テーブルはいつもにぎやかです。もちろん管理栄養士の立場から、栄養がとれて健康的であることも意識しています。

中井エリカ

Erika's
作りおきルーティン

作りおきをすると決めたら、
食材ごとに素材冷凍、下味冷凍、
完成冷凍の、どの保存方法に
するのかを決めていきます。
味のバリエも考えます。

まずは 下こ

いつもの作りおきの様子を、You
料理によく使う野菜を切って冷凍

大量買いした野菜は
カットして、
冷凍保存しておきます

冷凍保存しておけば
そのまま加えるだけ！

らえ・食材冷凍

ネル「食堂あさごはん」から実況中継。
に、調理のたびに切らなくてすみます。残った野菜も冷凍してしまえば、ムダが出ません

【 大根の場合 】

いちょう切り、細切りなど
使いやすい形にカット

冷凍保存袋に切ったものを
入れますが、今日は
にんじんと一緒に保存です。
葉っぱも入れちゃいます

冷凍保存袋に入れ、
口を閉じて冷凍庫へ。

葉っぱがついていたら刻んで冷凍。
皮は厚めにむいて漬け物に

皮はぽりぽり漬け
(p.48)にするのが
おすすめ！

【 よく使うにんにくのみじん切りで、"豚肉のジャーマン風"を作ります 】

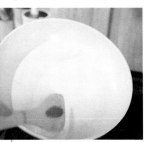  

食材冷凍しておいた
にんにくのみじん切りを、
フライパンで炒めます

豚肉とじゃがいもを、
にんにくの香りいっぱいの
炒め物に

盛りつけて
いただきます

にんにくは凍ったまま
投入でOK

＊"豚肉のジャーマン風"のレシピは本書には掲載されていません

5

保存とともに味がしみ込む 下味冷凍

今日の晩ごはんは、下味保存しておいたオクラの肉巻き (p.88)

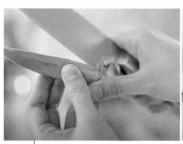

ほかの野菜と一緒に
先に下ごしらえ。
ガクのまわりを
むいておきます

オクラに豚肉を
クルクル巻いて
いきます

温めてすぐ食べられる 完成冷凍

作るとすぐになくなる、家族に大好評のえのきなめたけ (p.69)

えのきだけは、
ほかの野菜と一緒に
先にカットしておきます。
ほかのきのこを加えても◎

鍋にほぐしながら
入れていきます

凍が進むと食材の組織が壊れ、そのときに味がしみ込んでいきます。
凍するときも同様で、味がぐんと深まるというわけです

冷凍保存袋に
調味料を入れ、
味むらがないよう
合わせ調味料を作ります

調味料に
肉巻きを入れ、
袋の上からもみます。
空気を抜きながら
袋を閉じて、冷凍保存

食べるときは凍ったまま
フライパンに入れ、
汁けを飛ばすように炒めます

ふたをして
蒸し焼きに
しながら、解凍！

凍すればすぐに食べられる状態で料理を保存する、完成冷凍。
めに作って冷凍しておくと、忙しい日の晩ごはんがラクになります

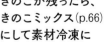

調味料を加えて、
中火で5分煮ます

そのまま
冷まして、
冷凍保存袋に
入れて保存

きのこが残ったら、
きのこミックス(p.66)
にして素材冷凍に

作りおき晩ごはんの
ポイント

忙しい毎日で、ゆっくりと晩ごはんを作るのはむずかしいですよね。
私は子どもの夕食の時間に合わせて食べられる状態にします。
そのために編み出した、作りおき活用テクニックをご紹介します。

Point 1

イチから作らず下味冷凍＋その日の食材で作れば、時短になります

完成冷凍した料理を加熱するだけでもよいですし、下味冷凍した半調理品に食材を加えて調理しても、かなりの時短になります。作りおきがあれば、毎晩ゆっくり食事ができます。

Point 2

完成冷凍を解凍したり加熱したりすれば、簡単に品数が増えます

テーブルに何品も料理が並ぶと、とても幸せな気分になります。それはシンプルで小さな副菜や汁物でもOK。主菜＋何品かが並ぶ理想の献立が、作りおきがあれば簡単に実現できます。

Point 3

ごはん派のわが家。ごはんは土鍋で炊いて、炊きたてをいただきます！

温かいうちに冷凍して解凍するのもよいのですが、私は必ず炊きたてを楽しみます。土鍋ならば炊き上がりまで30分くらい。お米の炊き上がる香りが広がるのが、大好きです！

作りおき活用の献立
Goodバランス

作りおきで献立を組み立てるときには、
手間をかけずに早く作ることばかりではなく、
おいしく仕上げるプロセスも大事にします。
そして健康のための栄養バランスも考えます。

━━━ タイムバランス ━━━

その日使う冷凍保存は、朝のうちから冷蔵庫で解凍

肉や魚は冷蔵庫でゆっくり解凍するほうがドリップが少なくおいしく解凍できます。時間がなければレンジでの解凍でもOK（野菜だけの食材冷凍は基本的に凍ったままでOK）。

プラスする食材は一度に切ったり、下ごしらえします

料理の下ごしらえを1品ずつしていると、非効率です。そこで変色の心配のない食材は先に一気に切ってしまったり、下ゆでしたりと、違う料理でも同じ工程は一度にすませてしまいます。

ごはんが炊き上がるタイミングで、おかずもでき上がるように

わが家では、食事作りの最初に行うのはごはんを炊くこと。蒸らし終えておいしい状態になる時間に合わせて、主菜も完成させます。料理をテーブルに並べたら、ごはんも茶わんに盛ります。

すべておいしい状態のうちに盛りつけます

熱いものは熱いうちに！ 冷たいものは冷たいうちに！ 作りおきを使った献立でも、おいしい状態で盛りつけるのは基本。レンチンするだけの料理でも、食べる時間を考えて加熱します。

栄養バランス

タンパク質、脂質、炭水化物は、必ずとります

健康な生活を送るために、三大栄養素のタンパク質、脂質、炭水化物は毎食適量をとります。主菜、副菜、汁物など献立全体で三大栄養素が適量とれるように組み合わせます。

料理の彩りのよさは栄養バランスのよさにつながります

食べ物の色は、その食材がもつ栄養素の色でもあり、赤、緑、白、黒などさまざまな色の食材を組み合わせることで、自然と栄養バランスがよくなります。彩りのよい料理は目で見ても楽しめて、食欲を刺激し、満足感を高めてくれます。

塩麹や昆布などを使うことで、減塩にも

料理に塩麹や昆布、かつお節などをよく使いますが、うまみが豊富なので、料理がぐんとおいしくなります。減塩になるという利点もあります。

作りおきに便利なアイテム

作りおきで必ず使う道具をご紹介します。使い勝手がよいシンプルなものばかりです

木べら

これ1本でまぜる、炒め合わせる、つぶす、すくうなど、いくつもの役目を果たす頼もしい道具です

保存容器

保存容器はホーロー製や陶器を使用。熱伝導がよいホーロー製は、冷凍がスピーディーに。陶器は、そのままレンチンできるので便利です

エコな
シリコン製も
使います

冷凍保存袋

冷凍保存は専用のファスナー袋を使用します。最近はシリコン製の登場回数が多くなっていますが、洗えばくり返し何回も使えて、長めの電子レンジ加熱もOKです

スタンド

保存袋のふちをスタンドのツメに引っかければ、口が開いた状態に。こぼさずに中身が入れられ、そのまま冷ますことも可能

この本の使い方

写真は完成状態の料理です

保存方法などをアイコンで表示。冷凍OKの場合は「○○冷凍」、冷蔵のみOKの場合は「○○保存」と記載

作り方
保存までと保存後の調理に分けているので、調理状況に合わせて使い分けができます

冷凍や冷蔵での保存の目安をアイコンでわかりやすく＋保存時の状態を写真で一目瞭然に

レシピのポイントなどをふきだしで補足

栄養はカロリーと塩分量の目安を記載

活用する作りおき写真と元ページを載せています

レシピのルール

- 大さじ１＝15㎖、小さじ１＝５㎖、１カップ＝200㎖です。
- 火加減は、特に指定がない場合は中火です。
- 電子レンジの加熱時間は600Wの場合の目安です。機種によって差があるので、様子を見ながら加熱してください。
- 冷凍保存したものを電子レンジで解凍する場合は、様子を見ながら加熱してください。
- オーブン、オーブントースターは1000Wのものを使用しています。機種により多少焼き上がり時間が異なります。
- フライパンはフッ素樹脂加工のものを使用しています。
- 野菜類は特に指定のない場合、洗う、皮をむくなどの作業をすませてからの手順を説明しています。
- だしはけずり節、昆布、煮干しなどでとった和風だしのことをさします。
- 顆粒スープ、固形スープのもとはコンソメなど洋風スープのもとを、鶏ガラスープのもとは中華スープのもとを使用しています。

CONTENTS

Part
1

冷凍作りおきでラクに！
平日の晩ごはん献立

冷凍作りおきでラクに！
平日の
晩ごはん献立

平日、疲れて帰宅後の晩ごはん作りはとっても面倒。
イチから作りだすと食べる時間も遅くなってしまいます。
でも作りおきを駆使すれば、短時間で満足の献立が完成！

月
曜日

週のはじめは、揚げ物

Menu

① 鶏の唐揚げ (p.90)
　発酵キャベツ添え (p.43)

② にんじんとひじきの
　たらこ炒め (p.64)

③ 大根と油揚げ豆腐の
　みそ汁 (p.46)

④ ごはん

Erika's Policy

週末まで元気で過ごすために、家族の大好きな料理をそろえます。エネルギー源となるタンパク質は鶏肉と具だくさんみそ汁でとり、発酵食品や食物繊維で腸内環境を整えます

主菜にして元気をつけます

月曜日のレシピ

唐揚げを揚げている間に、みそ汁を作って副菜レンチン。料理の同時完成を目指します！

① 鶏の唐揚げ
発酵キャベツ添え

Advice

加熱後も肉質のやわらかいもも肉を少しの油で揚げ焼きにし、ヘルシーに。発酵キャベツを添えます

作りおきを活用

p.90
鶏の唐揚げ
冷凍保存

p.43
発酵キャベツ
冷凍保存

Advice

みそ、油揚げ、豆腐の大豆製品は良質なタンパク質を多く含みます。大根は凍ったまま加えると、歯ざわりよく仕上がります

② にんじんとひじきのたらこ炒め

作りおきを活用

p.64
にんじんと
ひじきの
たらこ炒め
冷凍保存

Advice

粘膜を強化するβ-カ
ロテンが豊富なにんじ
ん、鉄やカルシウムが
豊富なひじきを、たら
こでまとめます

③ 大根と油揚げ豆腐のみそ汁

材料 （2人分）

いちょう切り大根(冷凍) … 100g
油揚げ … 1枚
豆腐 … 1/3丁
だし … 400㎖
みそ … 大さじ1と1/2

作り方

1 油揚げは細切り、豆腐は角切りに
する。

2 鍋にだしを入れて火にかけ、煮立
ったら1、凍ったままの大根を入
れる。

3 2～3分煮て火を止め、みそをと
き入れる。

作りおきを活用

p.46
いちょう切り大根
冷凍保存

火

曜日

明日からの仕事のために

Menu

(1) たらキムチの
チーズ焼き (p.109)

(2) 塩もみ大根の
ナムル (p.47)

(3) きゅうりの浅漬け (p.75)

(4) ごはん

Erika's Policy

淡泊になりがちな魚料理も、
キムチとチーズで食べ応え
満点のメニューに。
副菜はさっぱりとしたメニ
ューにして味のバランスを
整えます。

火曜日のレシピ

主菜をフライパンで香ばしく焼き上げるだけの超時短献立。あとは副菜を盛りつけて完了

① たらキムチのチーズ焼き

Advice

低糖質・高タンパク質のたらに発酵食品のキムチとチーズを合わせて。腸内環境を整えるにはぴったりの主菜です

材料 （2人分）

たらキムチ(冷凍) … 300 g
シュレッドチーズ … 50 g
サラダ油 … 適量
あらびき黒こしょう … 適量

作り方

1 解凍したたらキムチを、サラダ油を薄く引いたフライパンに入れる。弱めの中火にかけ、ふたをして3分くらい蒸し焼きにする。

2 シュレッドチーズをのせ、ふたをしてチーズがとけるまで2〜3分加熱し、あらびき黒こしょうを振る。

作りおきを活用

p.109
たらキムチ
冷凍保存

作りおきを活用

p.47
塩もみ大根の
ナムル
冷凍保存

② 塩もみ大根のナムル

Advice

夜遅めの晩ごはんでも、
消化酵素豊富な大根の
副菜を添えれば、胃が
もたれず翌朝もすっき
りとします

③ きゅうりの浅漬け

Advice

漬け物の定番ですが、
ついつい食べすぎると
塩分をとりすぎること
に。気になるときは、
さっと水洗いを

作りおきを活用

p.75
きゅうりの浅漬け
冷蔵保存

水

曜日

ちょっと疲れてきた週≠

Menu

① ミートソースパスタ
（p.104）

② 玉ねぎときのこの
豆乳スープ
（p.54、p.66、p.78）

③ ミックスリーフと
にんじんのサラダ
（p.63）

ぶは、冷凍保存をフル活用！

①

ちょっと手抜きしたくなる週の半ばは、作るのは簡単、だけど彩りのある洋食を並べ、子どもも大喜びの献立に。素材冷凍を使えば、スープも短時間ででき上がります。

葉野菜を洗って、ミートソースをレンチン！
その間にパスタをゆでてスープを作ります

① ミートソースパスタ

Advice

ミートソースにゆ
でた緑黄色野菜を
添えるのも、栄養
価がアップするの
でおすすめです

材料 （2人分）

ミートソース（冷凍） … 200 g
パスタ … 200 g
粉チーズ … 適量

作り方

1 パスタはたっぷりの熱湯で表示
　通りにゆで、水けをきる。

2 冷凍のミートソースを耐熱容器
　に割り入れ、1分半加熱したら
　とり出してまぜ、さらに2分ほ
　ど加熱する。

3 皿に1を盛って2をかけ、粉チ
　ーズを振る。

作りおきを活用

p.104
レンジで簡単
ミートソース
冷凍保存

Advice

フレッシュな生野菜は、
料理の彩りにも◎。熱
に弱いビタミンCなど
の栄養素を効率的にと
ることができます

② 玉ねぎときのこの豆乳スープ

材料 （2人分）

みじん切り玉ねぎ(冷凍) … 50g
みじん切りにんにく(冷凍) … 10g
きのこミックス(冷凍) … 100g
固形スープ … 1個
豆乳(無調整) … 100ml
オリーブオイル … 小さじ2
あらびき黒こしょう … 少々

Advice

具だくさんですが
冷凍食材を凍った
まま使うので、あ
っという間に完成
します

作り方

1 鍋にオリーブオイル、凍ったままの
玉ねぎ、にんにくを入れ、ふたをし
て弱めの中火で3分くらい加熱する。

2 凍ったままのきのこを加え、木べら
でほぐすように炒め合わせる。

3 水300ml、固形スープを入れ、ふたを
して弱火で5分くらい煮る。豆乳を
加えてひと煮立ちさせ、あらびき黒
こしょうを振る。

作りおきを活用

p.54
みじん切り
玉ねぎ
冷凍保存

p.78
みじん切り
にんにく
冷凍保存

p.66
きのこ
ミックス
冷凍保存

③ ミックスリーフとにんじんのサラダ

作りおきを活用

材料 （2人分）

ミックスリーフ … 20g
にんじんドレッシング(冷凍) … 適量

作り方

ミックスリーフは洗って水けをき
り、器に盛ってにんじんドレッシ
ングをかける。

p.63
にんじん
ドレッシング
冷蔵保存

木
曜日

スタミナ献立で週末

Menu

① えびチリ卵 (p.112)

② ポテトサラダ (p.58)

③ なすの焼きびたし
(p.73)

④ ごはん

③

④

Erika's Policy
ちょっと疲れがたまってき
たら、下味冷凍した半調理
品に助けてもらいましょう。
加熱調理するだけでもいい
けれど、食材をプラスして
アレンジすればいつもと違
う味で、気分転換できます。

あとひと踏ん張り！

木曜日のレシピ

下味冷凍をアレンジして、ボリューム感を
出します。副菜は味のバランスをみて決定

Advice

① えびチリ卵

ピリ辛のえびチリ
に、ビタミンやミ
ネラルが豊富な卵
を加えるとやさし
い味に

材料 （2人分）

えびのチリソース(冷凍)
　… 350 g
卵 … 1個
塩、こしょう … 各少々
サラダ油 … 適量
細ねぎの小口切り … 適量

作り方

1 卵はボウルに割り入れ、塩、こし
ょうを加えてときほぐす。フライ
パンにサラダ油を熱し、卵を入れ
て半熟状になるまで炒めてとり出
す。

2 フライパンをキッチンペーパーで
ふき、解凍したえびのチリソース
を入れ、ふたをして弱めの中火で
5分くらい蒸し焼きにする。

3 ふたをとって1を加え、火を強め
て炒め合わせ、細ねぎを散らす。

作りおきを活用

p.112
えびのチリソース
冷凍保存

② ポテトサラダ

Advice

マッシュポテトは
冷蔵庫でゆっくり
解凍すると、なめ
らかな食感にもど
ります

材料 (2人分)

マッシュポテト(冷凍) … 80 g
ハム … 1枚
A ┌ マヨネーズ … 大さじ1
　└ 塩、こしょう … 各少々
パセリ(ドライ) … 少々

作り方

1 ハムは1cm角に切り、解凍した
マッシュポテトとともにボウル
に入れる。

2 Aを加えてまぜ合わせ、器に盛
ってパセリを振る。

作りおきを活用

p.58
マッシュポテト
冷凍保存

③ なすの焼きびたし

Advice

なすは解凍時に汁
けを吸っておいし
さが増します。け
ずり節やしょうが
を合わせても

作りおきを活用

p.73
なすの焼きびたし
冷凍保存

③

①

んは手軽でおいしい丼に

Menu

① 牛丼(p.99)

② キャベツとかぼちゃの
みそ汁(p.42、p.50)

③ 小松菜のおひたし
(p.79、p.80)

②

Erika's Policy

ストレスもMAXの週末の
晩ごはんは、おいしくてスタミナたっぷりの丼でエネルギーチャージ! 緑黄色野菜を汁物や副菜に加え、疲労回復をサポートします。

金曜日のレシピ

簡単にすませたい！ でもしっかり食べたい！
そんなときは丼＋具だくさん汁が味方です

① 牛丼

Advice

材料 （2人分）

牛皿（牛丼のもと） … 260ｇ
ごはん … 茶碗2杯分

作り方

1. 解凍した牛皿をフライパンに入れ、水100mℓを加えて火にかけ、煮立ったらふたをして5分くらい煮る。

2. 器にごはんを盛り、1をのせる。

作りおきを活用

p.99
牛皿
（牛丼のもと）
冷凍保存

ビタミンB群や鉄分の多い牛肉は、エネルギー代謝を高めて疲れた体を元気にします

② キャベツとかぼちゃのみそ汁

材料 （2人分）

ざく切りキャベツ(冷凍) … 100g
角切りかぼちゃ(冷凍) … 100g
だし … 400㎖
みそ … 大さじ1と1/2

作り方

1 鍋にだしを入れて火にかけ、煮立ったら凍ったままのキャベツとかぼちゃを入れる。

2 3〜4分煮たら火を止め、みそをとき入れる。

作りおきを活用

p.42
ざく切り
キャベツ
冷凍保存

p.50
角切りかぼちゃ
冷凍保存

Advice

かぼちゃはみそ汁に甘みを加え、ビタミンがストレスなどで増えた活性酸素を除きます

③ 小松菜のおひたし

材料 （2人分）

ざく切り小松菜(冷凍) … 200g
A ┌ めんつゆ(p.80) … 大さじ1
　└ 水 … 大さじ3
けずり節 … 適量

作り方

1 解凍した小松菜の水けをしぼってボウルに入れ、Aであえる。

2 器に盛り、けずり節を散らす。

Advice

小松菜は冷凍することで繊維が壊れてしんなりするので、ゆでずにそのままおひたしにできます

作りおきを活用

p.79
ざく切り
小松菜
冷凍保存

p.80
めんつゆ
冷蔵保存

レシピ＋作りおき＋保存 Q & A

SNSに寄せられる質問で多いものにお答えします

Q 献立はどうやって
考えていますか？

A まずは主菜を選び、次に副菜→
汁物の順に、なるべく調理法や
食材がかぶらないようにメニューを
決めていきます。1週間サイクルで
中華、洋食、丼の日などと決めてお
くと献立を立てやすいと思います。

Q 作りおきって本当に
節約になるの？

A 作りおきを使いきれるか心配な
かたには、日もちする冷凍ストッ
クがおすすめです。冷蔵の作りお
きもアレンジしやすいものを選べば、
最後まで飽きずに使いきりやすいと
思います。

Q 保存したものを
忘れないためには？

A 透明なふたの容器や保存袋など、
中が見える状態で保存。そして
ラベルに中身を書いて、貼りつけま
す。冷凍庫は立て置き収納にして、
隅っこや下積みの迷子を防ぎます。

Q 作りおきレシピは
どうやって決めるの？

A お店に行って、安いものや食べたい食材
を買い、帰宅後にメニューを考えます。
ただ慣れないうちは、作るレシピを決めてか
ら買い出しすると効率的かと思います。たく
さん種類を作るときは、味つけに偏りがない
ように気をつけます。

Q 作りおきの食材は
どうやって選ぶの？

A 旬の野菜や魚介は栄養価も高いですから、
できるだけ多くメニューにとり入れます。
うれしいことに旬の食材は、お値段が安いの
で、作りおきにぴったりなんです。

Q 食事を作りたくない日は
どうしている？

A やる気が出ない日は、レンチンだけで食
べられる作りおきが大活躍。テーブルで
作りながら食べる海鮮丼、ギョーザ、たこ焼
きパーティーにすることも。家族に人気です。

Erika's Policy

食事は毎日のことなので
あまり頑張りすぎないことが大事。
作りおきがあれば
心と時間にゆとりが生まれます！

Part

2

残さず消費

野菜の
使いきり・作りおき

中途半端に野菜を使った結果、冷蔵庫の中で残念な姿に……。
野菜をムダなく使いきるには、おいしさをキープしながら、
すぐに使えたり食べられる状態にして保存します。

完成
冷凍　せん切りじゃがいものサラダ

完成
冷凍　かぼちゃの塩麹煮

野菜を使いきる メリット

お店に行ってまずするのは、「どんな野菜が安いかな」と、お買い得品のチェックです。ここで家の作りおきを思い出しながら、ダブらずに安いものを買います。栄養価の高まる旬の野菜が安くなっていれば、迷わず購入です。

メリット ⑤

① 野菜を多く摂取でき、体調がよくなる

② 皮や葉、芯など栄養価に富む部分も利用可

③ お値打ちな旬の味わいを存分に楽しめる

④ お買い得の日に買うので、家計が助かる

⑤ 作りおきアイデアからレシピの幅が広がる

野菜の作りおき ポイント

下味保存、完成保存、素材のまま保存の3つから、ベストな状態を選択。さらに冷凍か冷蔵保存かを決めます。味つけは定番、和風、洋風、中華風など、食べるときにいろいろ楽しめるように変えます。

キャベツ2個の場合

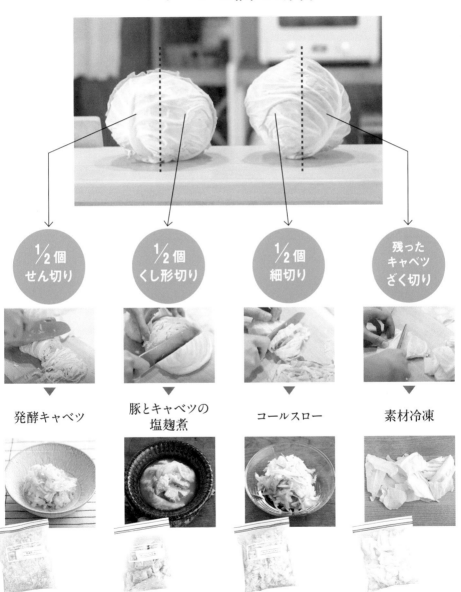

1/2個
せん切り

1/2個
くし形切り

1/2個
細切り

残った
キャベツ
ざく切り

▼発酵キャベツ

豚とキャベツの
塩麹煮

コールスロー

素材冷凍

1個が大きい野菜は使いきります！

キャベツ

cabbage

食物繊維、ビタミンC、ビタミンUが豊富。ビタミンCは免疫アップや美肌づくりに効果的で、キャベジンとも呼ばれるビタミンUは、胃の粘膜を守る働きがあります。キャベツの食物繊維は不溶性なので、腸内で水分を含んでふくらみ、満腹感を得やすくなります。

素材冷凍が便利！

ざく切りキャベツ

キャベツが残っていたら、
新鮮なうちにざくざく切って冷凍庫へ！

| 材料 | (作りやすい分量)

キャベツ … 1/4個

| 作り方 |

キャベツはざく切りにして冷凍保存袋にすき間なく詰め、空気を抜いて口を閉じる。

| 全量 58kcal | 塩分 0.0g |

| 保存 |
○冷凍 約30日
●冷蔵 約3～4日

こんな料理に！
● p.37　キャベツとかぼちゃのみそ汁
● p.132　鶏肉とキャベツのカレー蒸し
● p.140　キャベツめんたい

発酵キャベツ 完成保存

キャベツがもつ乳酸菌を発酵させて
増やし、ザワークラウトに

| 材料 | （作りやすい分量）

キャベツ … 1/2個
塩 … キャベツの重量の2％
＊キャベツ1/2個650gの場合は、13gくらい

| 作り方 |

1 キャベツはせん切りにし、ボウルに
　入れて塩を振ってまぜる。

2 水けが出てきたら清潔な保存
　容器に移し、ラップをかけて
　落としぶたをする。皿などを
　重しにして室温におく。

ラップをかけたら、空気を抜くように、キュッキュッと押します

3 細かい気泡が出て少し酸味が出てき
　たら、でき上がり。

| 全量 **150** kcal | 塩分 **12.9** g |

保存
○冷凍 約30日
●冷蔵 約3週間

やみつきキャベツ さっと煮 完成保存

キャベツをたっぷり食べたいときに作る、
ごまの風味が広がるひと品

| 材料 | （2〜3人分）

キャベツ … 1/4個
しょうが … 30g

A
しょうゆ … 小さじ2
ごま油 … 小さじ1
鶏ガラスープのもと … 小さじ1
砂糖 … 小さじ1/2

| 作り方 |

1 キャベツは細切りにし、しょう
　がはせん切りにする。

2 耐熱ボウルに入れ、ラップをかけ
　て電子レンジで3分くらい加熱す
　る。

3 水けをしぼり、Aを加えてまぜる。

鶏ガラスープのもとは、商品によって味の濃さが違うので、味をみて調節を

| 1/3量 **53** kcal | 塩分 **0.6** g |

保存

○冷凍 約30日　●冷蔵 約4日

煮物　完成保存

豚とキャベツの塩麹煮

キャベツの葉がかたいと思ったら、迷わず塩麹煮にします

材料 （2人分）

豚肩ロースかたまり肉 … 300g
キャベツ … 1/2個
A 酒 … 大さじ2
　 塩麹 … 大さじ2
塩麹 … 大さじ2

作り方

1 豚肉は食べやすい大きさに切ってポリ袋に入れ、Aを加えてもみ込み、冷蔵庫に一晩おく。

2 鍋に1を汁ごと入れ、肉がかぶるくらいまで水を加える。火にかけて煮立ったら、アクをとり、ふたをして弱火で20分くらい煮る。

3 キャベツは4等分のくし形切りにし、塩麹とともに2に加えて20分くらい煮る。

| 1人分 508kcal | 塩分 2.0g |

保存

○冷凍 約30日
●冷蔵 約4日

コールスロー

キャベツのサラダを冷凍保存しておくと、一品ほしいときに便利です

材料 （作りやすい分量）

キャベツ … 1/2個
玉ねぎ … 1/4個
にんじん … 1/4本
A [酢 … 大さじ3
  サラダ油 … 大さじ2
  砂糖 … 小さじ1
  塩 … 小さじ2/3
  こしょう … 少々]

やわらかい春キャベツで作ると、よりおいしくできます

作り方

1 キャベツは細切り、玉ねぎは薄切り、にんじんはせん切りにする。

2 ボウルでAをよくまぜ、1を加えてまぜる。

ボウルのかわりにポリ袋を使えば、洗い物が少なくてより手軽です

| 1/4量 103kcal | 塩分 1.0g |

保存

○冷凍 約30日　●冷蔵 約4日

大根

Japanese white radish

大根はアミラーゼ、プロテアーゼ、リパーゼなどの消化酵素が豊富です。栄養分が多いのは葉の部分で、β-カロテン、カルシウムや鉄分などのミネラル類、葉酸、ビタミンEなども含んでいます。売っていれば、迷わず葉つきを選びましょう。

素材冷凍が便利！

いちょう切り&
細切り大根

大根を使いきるには、
使いやすい形にカットして冷凍します

材料 （作りやすい分量）

大根 … 適量

作り方

1 大根はいちょう切りや細切りにする。

2 冷凍保存袋に平らに入れ、空気を抜いて口を閉じる。

| 200g **36**kcal | 塩分 **0.0**g |

保存

○冷凍 約30日
●冷蔵 約3〜4日

せん切りや短冊切りなど、よく
使う切り方で保存しても！

こんな料理に！

● p.21　大根と油揚げ豆腐のみそ汁

あえ物 ／ 完成冷凍

塩もみ大根のナムル

大量の大根も細切りにすれば、ほんの少しの塩でもしんなりします

材料 （作りやすい分量）

大根 … 1/3本
塩 … 小さじ1/2
砂糖 … 小さじ1/2
A ┌ ごま油 … 小さじ2
　 ｜ 鶏ガラスープのもと
　 ｜ 　　 … 小さじ1/2
　 ｜ おろしにんにく … 少々
　 └ いり白ごま … 適量

作り方

1 大根は細切りにし、塩と砂糖をまぶす。

2 水けが出てきたらしぼり、Aを加えてまぜる。

| 1人分 **52**kcal | 塩分 **0.5**g |

保存

○冷凍 約30日
●冷蔵 約3〜4日

47

大根の皮のぽりぽり漬け

むいた大根の皮を使う、ムダなしの自慢の漬け物。皮の食感がまた楽しいのです

材料（作りやすい分量）

大根の皮（厚めにむく）
　　… 1/3本分

A ［ しょうゆ … 大さじ3
　　酢 … 大さじ3
　　砂糖 … 大さじ3
　　赤唐辛子の小口切り
　　　… 小さじ1 ］

作り方

1　大根の皮は1cm角の拍子木切りにし、清潔な保存容器に入れる。

2　Aを小鍋に入れて火にかけ、煮立ったら1にかける。

| 1/8量 **14**kcal | 塩分 **0.5**g |

保存容器は熱いものを入れてもOKなものを使います。冷凍保存するときは、冷めてから冷凍保存袋に入れます

保存

○冷凍 約30日
●冷蔵 約4〜5日

煮物　完成冷凍

大根の鶏ガラスープ煮

大根の中華風スープ煮は、そのままでも、ほかの煮物に加えてもおいしい！

材料（2〜3人分）

大根 … 1/4本

A ┌ 鶏ガラスープのもと
　│　　　… 小さじ2
　└ 水 … 300mℓ

作り方

1 大根は1cm厚さの半月切りにする。

2 鍋に1とAを入れ、やわらかくなるまで弱火で15分くらい煮る。

| 1人分 **14**kcal | 塩分 **0.7**g |

こんな料理に！

● p.127 大根と鶏肉のオイスターソース煮

保存

○ 冷凍 約**30**日
● 冷蔵 約**4**日

素材冷凍が便利！

かぼちゃ

pumpkin

かぼちゃにはβ-カロテンや、ビタミンC、ビタミンEなど抗酸化作用の強いビタミンがたっぷり。ストレスなどで増える活性酸素を除き、生活習慣病、肌や目の老化を予防します。種にはコレステロール値を下げる働きがあるα-リノレン酸、オレイン酸、ビタミンEが豊富。

角切りかぼちゃ

種とわたをとった果肉を冷凍しておけば、いろいろな料理にすぐに使えます

材料（作りやすい分量）

かぼちゃ … 1/4個

作り方

1 かぼちゃは種とわたをとって、一口大に切る。

> かぼちゃの種とわたは、スプーンを使うと簡単にとれます

2 冷凍保存袋に平らに入れ、空気を抜いて口を閉じる。

| 全量 **228** kcal | 塩分 **0.0** g |

保存

○冷凍 約30日
●冷蔵 約2〜3日

こんな料理に！

●p.37 キャベツとかぼちゃのみそ汁

●p.128 かぼちゃと豚肉のみそ炒め

かぼちゃのみそマヨサラダ

かぼちゃの甘みをみそが引き立て、マヨネーズがなめらか食感に仕上げます

材料（3〜4人分）

かぼちゃ … 1/4個（約250 g）

A マヨネーズ … 大さじ2
　 みそ … 小さじ1

作り方

1 かぼちゃは種とわたをとり、適当な大きさに切る。

> かぼちゃの皮はお好みで除いてもOKです

2 耐熱皿にのせ、ラップをかけて電子レンジで5分くらい加熱する。

3 ボウルにAを入れてまぜ、2を加えてフォークでつぶしながらまぜる。

| 1/4量 **107**kcal | 塩分 **0.3** g |

保存

○ 冷凍 約30日
● 冷蔵 約2〜3日

煮物　完成冷凍

定番！ かぼちゃの煮物

食卓にあるとほっとするおなじみのひと品。鍋の中で冷ますとより味を含みます

材料 （2〜3人分）

かぼちゃ … 1/4個（約250 g）

A
- だし … 400mℓ
- しょうゆ … 大さじ2
- みりん … 大さじ2

作り方

1 かぼちゃは種とわたをとり、一口大に切る。

2 鍋に 1 と A を入れ、落としぶたをして弱火で10分くらい煮る。

| 1/3量 **93**kcal | 塩分 **0.9** g |

こんな料理に！

● p.133 かぼちゃのチーズ焼き

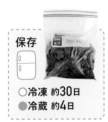

保存
- ○冷凍 約30日
- ●冷蔵 約4日

煮物　完成冷凍

かぼちゃの塩麹煮

塩麹で煮ると、さっぱりとしながらもコクのある煮物になります

材料（2～3人分）

かぼちゃ … 1/4個（約250ｇ）
塩麹 … 大さじ2

作り方

1 かぼちゃは種とわたをとり、一口大に切る。

2 鍋に **1** と塩麹を入れてまぜ、水100mℓを加えて火にかける。煮立ったら弱火にし、ふたをして10分くらい煮る。

| 1/3量 **76**kcal | 塩分 **0.5**ｇ |

保存

○ 冷凍 約**30**日
● 冷蔵 約**4**日

個数が多い野菜は作りおきにします!

玉ねぎ
onion

ビタミンB1の吸収を高め、血液サラサラ効果のある硫化アリルを多く含みます。ただし熱に弱いので、効果を得るためには生で食べるようにしましょう。また塩分を体外に排出して高血圧を予防するカリウムも含みます。辛みの強い玉ねぎですが、オリゴ糖も多く、整腸作用が期待できます。

> 素材冷凍が便利!

> ほかにも薄切りや乱切りなど使いやすい形で"

みじん切り玉ねぎ

料理の登場頻度が高い玉ねぎは、すぐに使える切り方で保存しておきます

材料（作りやすい分量）

玉ねぎ … 3個

作り方

玉ねぎはみじん切りにして冷凍保存袋に入れ、空気を抜いて口を閉じる。

| 全量 111kcal | 塩分 0.0g |

保存
○冷凍 約30日
●冷蔵 約3〜4日

こんな料理に!

● p.29　玉ねぎときのこの豆乳スープ
● p.115　おろし豆腐ハンバーグ

調味料 ／ 完成冷凍

玉ねぎみそ

玉ねぎベースのうまみ甘みそ。ごはん、焼き肉、豆腐などにのせると最高！

材料 （作りやすい分量）

玉ねぎ … 2個

A
- おろしにんにく … 少々
- みそ … 大さじ4
- 砂糖 … 大さじ2
- みりん … 大さじ2

ごま油 … 大さじ1

作り方

1 玉ねぎは縦半分に切ってから横半分に切り、さらに薄切りにする。

2 フライパンにごま油を引いて1を入れ、中火～強火で10分くらい炒める。

> 玉ねぎが薄く色づくまで炒めます

3 合わせたAを加え、さらに3分くらい炒める。

| 全量 **537**kcal | 塩分 **7.8**g |

保存

○ 冷凍 約30日

● 冷蔵 約4～5日

玉ねぎと豚肉の塩昆布炒め

塩昆布のうまみとごまの香ばしさを、しんなり玉ねぎになじませます

材料 （2人分）

玉ねぎ … 1個
豚こまぎれ肉 … 300g
A
　しょうゆ … 小さじ1
　酒 … 小さじ1
　かたくり粉 … 小さじ2
ごま油 … 適量
塩昆布 … 大さじ2〜3

作り方

1 玉ねぎは薄切りにし、豚肉はAをもみ込む。

2 フライパンにごま油を引いて豚肉を炒め、肉の色が半分くらい変わったら玉ねぎを加えて炒め合わせる。

3 塩昆布を加えてまぜる。

| 1人分 **470**kcal | 塩分 **1.5g** |

甘みのある新玉ねぎが出まわると、絶対作るひと品です

保存

○冷凍 約30日
●冷蔵 約4日

玉ねぎの酢じょうゆ漬け

玉ねぎを酢じょうゆに漬けておくと、辛みが抜けて食べやすくなります

材料（作りやすい分量）

玉ねぎ … 1個

A
- だし … 100㎖
- しょうゆ … 大さじ3
- 砂糖 … 大さじ3
- 酢 … 大さじ3
- 赤唐辛子の小口切り … 小さじ1

＊だしは和風だし（顆粒）小さじ1/4＋水100㎖でもOK

作り方

1 玉ねぎは細めのくし形切りにし、清潔な保存容器に入れる。

2 小鍋にAを合わせて火にかけ、ひと煮立ちさせて火を止め、1に注ぐ。

3 あら熱をとって冷蔵庫に入れ、一晩おく。

> 一晩おいてからが食べごろ。漬け時間を長くすると玉ねぎの辛みが消え、より食べやすくなります

|1/4量 38kcal | 塩分 1.0g

保存

○冷凍 約30日

●冷蔵 約4日

じゃがいも

potato

じゃがいもは食物繊維、ビタミンC、カリウムなどを含みます。なかでもデンプンに守られたビタミンCは、熱によって壊れにくいというのが特徴。とくに新じゃがは、ビタミンCの含有量が増えます。効率よくビタミンCをとるには、ぴったりの野菜ですね。

素材冷凍が便利！　完成冷凍

マッシュポテト

固形のまま冷凍すると味も食感も落ちるので、つぶして冷凍。つぶし加減はお好みで。多少あらくても大丈夫

材料（作りやすい分量）

じゃがいも … 3個（300g）

作り方

1 じゃがいもは串がすっと通るまでゆでる。

2 熱いうちに皮をむき、マッシャーか木べらでつぶす。

3 冷凍保存袋に平らに入れ、空気を抜いて口を閉じる。箸などで、使いやすい分量に線を入れる。

| 全量 228kcal | 塩分 0.0g |

保存
- ○冷凍 約30日
- ●冷蔵 約3〜4日

こんな料理に！

●p.33　ポテトサラダ

サラダ　完成冷凍

せん切りじゃがいものサラダ

とにかくシャキシャキ歯ごたえが心地よい、さっぱり味のサラダです

材料（2〜3人分）

じゃがいも … 2個（200 g）

ハム … 3枚

A
- オリーブオイル … 大さじ1
- あらびき黒こしょう … 適量
- 塩 … 少々

作り方

1 じゃがいもはせん切りにし、5分くらい水にさらす。ハムもせん切りにする。

2 じゃがいもを熱湯で1分くらいゆで、流水で冷まして水けをしぼる。

3 ボウルに**2**、ハムを入れ、**A**を加えてまぜる。

| 1/3量 **107**kcal | 塩分 **0.4** g |

新じゃがいもで作ると、より食感がシャキシャキッ！

保存

○ 冷凍 約30日
● 冷蔵 約4日

炒め物　完成冷凍

じゃがいものガーリックしょうゆ炒め

和風の甘辛炒めを、にんにくとあらびき黒こしょうで香りよく仕上げます

材料 （2人分）

じゃがいも … 3個（300ｇ）
にんにくのみじん切り … 少々
A ┌ しょうゆ … 大さじ1
　└ 砂糖 … 大さじ1/2
あらびき黒こしょう … 適量
サラダ油 … 小さじ1

作り方

1 じゃがいもは一口大に切り、耐熱容器に入れて電子レンジで7〜8分加熱する。

2 フライパンにサラダ油とにんにくを入れて火にかけ、にんにくの香りが立ったら1を加えて炒める。

3 じゃがいもに焼き色がついたらAを加えて全体にからめ、あらびき黒こしょうを振る。

| 1人分 **77**kcal | 塩分 **0.7**ｇ |

保存

〇冷凍 約30日
●冷蔵 約4日

煮物　完成冷凍

鶏じゃが

肉じゃがに鶏肉を使うとさっぱり味になります。お好みで絹さやなど青みを足しても！

材料 （3〜4人分）

じゃがいも … 3個（300 g）
にんじん … 1本
玉ねぎ … 1個
鶏もも肉 … 1枚

A
- 水 … 400㎖
- しょうゆ … 大さじ 3
- 酒 … 大さじ 2
- みりん … 大さじ 1と1/2
- 砂糖 … 大さじ 1と1/2

サラダ油 … 大さじ 1

作り方

1 じゃがいも、にんじんは食べやすい大きさに切り、玉ねぎは8等分のくし形切りにする。鶏肉は一口大に切る。

2 フライパンにサラダ油を熱して鶏肉を強火で炒め、じゃがいも、にんじん、玉ねぎを加えて炒め合わせる。

> 鶏肉が色づいたら、根菜類を加えて油をなじませます

3 Aを加えて煮立ったら、ふたをして弱火で15分くらい煮る。

4 ふたをとって3分くらい煮詰め、汁けが1/3量まで減ったらでき上がり。

1/3量 **306**kcal ｜ 塩分 **1.1** g

保存

○冷凍 約**30**日
●冷蔵 約**4**日

にんじん

carrot

にんじんに豊富なβ-カロテンは、体内で必要な分だけビタミンAに変わり、免疫を高めて眼や粘膜の健康を維持します。変化しなかった分は、老化の原因となる活性酸素を除き、生活習慣病予防に効果を発揮。β-カロテンは油と合わさると、体内に吸収されやすくなります。

素材冷凍が便利！

せん切り＆乱切りにんじん

カットして冷凍保存しておくと、下ごしらえの時間が短縮できます

| 材料 |（作りやすい分量）

にんじん … 2本

| 作り方 |

1 にんじんはせん切りや乱切りにする。

2 冷凍保存袋に平らに入れ、空気を抜いて口を閉じる。

| 1本分 **59** kcal | 塩分 **0.0** g |

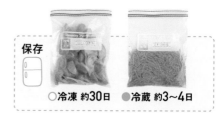

保存

○冷凍 約30日　●冷蔵 約3〜4日

いちょう切りやみじん切りなど、よく使う切り方でも！

こんな料理に！

● せん切りはスープや炒め物など

● 乱切りは煮物やカレーなど

にんじんドレッシング

にんじんはおろすと甘さがアップ。サラダ、肉や魚介料理によく合います

材料 （作りやすい分量）

にんじん … 1本

A
酢 … 大さじ4
サラダ油 … 大さじ4
砂糖 … 大さじ1と1/2
塩 … 小さじ1/2

作り方

1 にんじんはすりおろし、清潔な保存びんに入れる。

2 Aを加えて、ふたをしっかり閉めてよく振ってまぜる。

> 油は米油や菜種油などでもOK。
> 冷凍保存するときは、冷凍保存袋
> に入れます

| 全量 567kcal | 塩分 3.1g |

保存

○冷凍 約30日
●冷蔵 約4日

炒め物　完成冷凍

にんじんとひじきのたらこ炒め

たらこの粒々が全体のまとめ役。塩分がにんじんの甘みを引き出します

材料 （2人分）

にんじん … 1/2本
ひじき（乾燥）… 10g
たらこ … 1腹
しょうゆ … 適量
サラダ油 … 適量

作り方

1　にんじんはせん切りにし、ひじきは水でもどす。たらこは皮を除いてほぐす。

2　フライパンにサラダ油を熱し、ひじきとにんじんを炒める。

3　たらこを加えて白っぽくなるまで炒め、しょうゆで味をととのえる。

> にんじんとひじきがしんなりしてきたら、たらこを加えましょう

| 1人分 60kcal | 塩分 1.4g |

保存
○冷凍 約30日
●冷蔵 約4日

蒸し物　完成冷凍

にんじんの塩麹オイル蒸し

にんじんの大量消費にもってこいのメニュー。塩麹のうまみが味を深めます

材料（3〜4人分）

にんじん … 1本
塩麹 … 大さじ1
サラダ油 … 大さじ1

作り方

1 にんじんはせん切りにする。

2 フライパンに1、塩麹、サラダ油を入れてまぜ、弱火にかける。ふたをして5〜6分蒸し焼きにする。

| 1/4量 **42**kcal | 塩分 **0.5**g |

こんな料理に！

● p.134 にんじんのクリームチーズあえ

保存

○ 冷凍 約**30**日
● 冷蔵 約**4**日

きのこ
mushroom

しいたけ

しめじ

えのきだけ

エリンギ

食物繊維やビタミンDをたっぷり含むきのこ。食物繊維は腸の調子を整え、便秘の改善などに役立ちます。ビタミンDはカルシウムの吸収を助け、骨をつくったり丈夫にする働きをします。またきのこは低糖質・低カロリーなので、ダイエットにも効果が期待できます。

素材冷凍が便利！

しいたけ、エリンギなどお好みのきのこでもOK

きのこミックス

日もちのしないきのこは、
鮮度が落ちる前に冷凍するのがポイント

材料 （作りやすい分量）

しめじ … 1パック（100g）
えのきだけ … 1袋（100g）

作り方

1 しめじは石づきを切ってほぐし、えのきだけは根元を落として適当な長さに切る。

かさの大きいしいたけや軸の太いエリンギは、使いやすい大きさに切ります

2 冷凍保存袋に平らに詰め、空気を抜いて口を閉じる。

| 全量 **62**kcal | 塩分 **0.0**g |

保存
○冷凍 約30日
●冷蔵 約2〜3日

こんな料理に！
● p.29　玉ねぎときのこの豆乳スープ
● p.135　きのこの塩昆布あえ

きのこの塩麹漬け

すぐに食べれば食感を楽しめて、時間をおくときのこのうまみが広がる一品

材料 （作りやすい分量）

お好みのきのこ … 300g
塩麹 … 大さじ2

作り方

1 きのこは石づきや根元を切ってほぐし、熱湯で1～2分ゆでてざるに上げ、水けをきる。

2 ボウルに入れ、塩麹を加えてまぜ合わせる。

| 1/4量　15kcal | 塩分　0.9g

長いきのこ、かさの大きいきのこは食べやすく切り、塩麹をからみやすくします

保存

○冷凍 約30日
●冷蔵 約4日

マリネ　完成冷凍

レンチン！ きのこマリネ

冷蔵庫に残っているきのこがあったら、まとめてマリネにします

材料 （作りやすい分量）

えのきだけ … 1袋(100g)
しめじ … 1パック(100g)
しいたけ … 4個

A
┌ レモン汁 … 大さじ3
│ オリーブオイル … 大さじ2
│ 塩 … 小さじ1/3
└ こしょう … 少々

作り方

1 しめじは石づきを切ってほぐし、えのきだけは根元を落として長さを3等分に切る。しいたけは軸をとって薄切りにする。

2 耐熱ボウルに1とAを入れてまぜ、ラップをかけて電子レンジで5分くらい加熱する。

3 ラップをとって、ざっとまぜる。

| 1/4量 44kcal | 塩分 0.2g

保存

○冷凍 約30日
●冷蔵 約4〜5日

温かくても冷やしても、どっちもおいしい！

えのきなめたけ

自分で作ると味の調整ができ、そのうえ経済的！ 好きなきのこをミックスにしても

材料 （作りやすい分量）

えのきだけ … 大1袋（200g）

A
- しょうゆ … 大さじ3
- みりん … 大さじ3
- 酢 … 大さじ1

作り方

1 えのきだけは根元を落とし、長さを3等分に切る。

2 鍋に1、Aを入れて火にかけ、ふつふつと煮立ってきたらそのまま5分ほど煮る。

| 全量 195kcal | 塩分 7.8g |

保存

○ 冷凍 約30日
● 冷蔵 約4〜5日

なす
eggplant

なすには栄養がないと思われがちですが、実は特徴的なポリフェノールを含んでいます。皮の紫色はナスニンという色素成分で、強い抗酸化作用があり、生活習慣病を予防。また果肉にはクロロゲン酸が豊富で、抗酸化作用のほか、脂肪の蓄積を抑えます。

蒸し物 ／ 完成冷凍

蒸しなす

なすは蒸してから保存すれば
いろいろな味つけで楽しめます

| 材料 | （作りやすい分量）

なす … 3個

| 作り方 |

1 なすはヘタをとり、包丁で縦に3〜4本切り込みを入れる。

2 耐熱容器に並べ、ラップをかけて電子レンジで3分30秒加熱し、ラップをしたまま冷ます。

3 ラップをとって冷凍保存袋に入れ、空気を抜いて口を閉じる。

| 全量 **53** kcal | 塩分 **0.0** g |

| 保存 |
○冷凍 **約30日**
●冷蔵 **約4日**

こんな料理に!

●p.138 なすのユッケ風

漬け物 　完成冷凍

なすの香味漬け

なすがしんなりすればするほど、漬け汁がじんわりとしみ込んでいきます

材料 （2人分）

なす … 3個

A
- しょうゆ … 大さじ 1
- 酢 … 大さじ 1
- 砂糖 … 大さじ 1
- 豆板醤 … 小さじ 1
- にんにくのみじん切り … 小さじ 1
- しょうがのみじん切り … 小さじ 1

ごま油 … 大さじ 2

作り方

1 なすはヘタをとり、乱切りにする。

2 フライパンにごま油を熱して 1 を入れ、弱火にしてふたをし、5分くらい蒸し焼きにする。

> 途中で1～2回ふたをとり、全体をまぜ合わせて味むらを防ぎます

3 ふたをとって A を加え、ひと煮立ちさせる。

| 1人分 155kcal | 塩分 0.8 g |

保存

○ 冷凍 約30日
● 冷蔵 約4日

71

炒め物 　完成冷凍

なすの梅みそ炒め

梅干しの酸味とみそのコクがなすにからんで、ごはんのお供にぴったりです

材料（3〜4人分）

なす … 3個

梅干し … 1個

A ［ みそ … 大さじ1
みりん
　… 大さじ1と1/2 ］

いり白ごま … 大さじ1

サラダ油 … 大さじ2

作り方

1 なすは2cm角に切り、梅干しは種を除いて包丁でたたく。

2 フライパンにサラダ油を熱して1のなすを炒め、ふたをして5分くらい蒸し焼きにする。

3 1の梅肉、Aを加えてとろみがつくまで炒め、仕上げにごまを振る。

| 1/4量 **107**kcal | 塩分 **1.9**g |

> 梅干しは大きめでやわらかいものを。甘みが強い場合は、みりんの量を少し減らしても！

保存

○冷凍 約30日
●冷蔵 約4日

マリネ　完成保存

なすの焼きびたし

皮から焼くと少ない油でもおいしくなり、さらに蒸し煮にするとジューシー!!

材料 (2人分)

なす … 3個

A
- しょうゆ … 大さじ1
- 砂糖 … 大さじ1
- おろししょうが … 小さじ1

サラダ油 … 大さじ2

作り方

1 なすはヘタをとって縦半分に切り、包丁でななめに細かく切り込みを入れる。

2 フライパンにサラダ油を熱し、なすを皮目を下にして並べ、3分くらい焼く。ひっくり返し、ふたをしてさらに3分くらい焼く。

3 まぜ合わせたAに、2を温かいうちにひたす。

| 1人分 **150**kcal | 塩分 **0.7** g |

保存

○冷凍 約30日
●冷蔵 約4日

73

きゅうり

cucumber

本来は夏野菜なので、体を冷やす作用に富んでいます。きゅうりはほとんどが水分ですが、塩分を体外に排出するカリウムを含み、高血圧の予防には効果的。またビタミンCもあり、ヘタの付近にあるククルビタシンとともに抗酸化作用も発揮します。

たれ 　完成冷凍

きゅうりだれ

ごま油風味の酢漬けだれは、
冷ややっこやサラダなどにぴったり！

| 材料 | (作りやすい分量) |

きゅうり … 1本

A ┌ ぽん酢しょうゆ … 大さじ3
　├ ごま油 … 少々
　└ 砂糖 … 小さじ1

| 作り方 |

きゅうりはみじん切りにし、Aを加えてまぜ合わせる。

| 全量 **84**kcal | 塩分 **2.6**g |

保存

○冷凍 約30日　　●冷蔵 約4日

漬け物 完成保存

きゅうりの浅漬け

赤唐辛子を加えた白だし風味のピリ辛漬けは、冷やすとおいしさアップ！

| 材料 | (作りやすい分量)

きゅうり … 4本

A
┌ 白だし … 100㎖
│ 水 … 300㎖
│ 赤唐辛子の小口切り
└   … 適量

| 作り方 |

1 きゅうりは1㎝厚さのななめ切りか小口切りにする。

2 清潔な冷凍保存袋か容器に入れ、Aを加えてまぜる。

一晩おいてからが、食べごろになります

3 冷蔵庫に入れ、一晩漬ける。

| 1/8量 **16**kcal | 塩分 **2.5** g |

こんな料理に！

●p.141 きゅうりのわさび漬け

保存

●冷蔵 約4日

漬け物　完成保存

きゅうりの甘酢漬け

じゃばらに切るとすぐに漬かり、切り目から甘ずっぱい漬け汁があふれ出ます

材料（作りやすい分量）

きゅうり … 3本

A
- 酢 … 大さじ3
- 砂糖 … 大さじ3
- 塩 … 小さじ1/2

作り方

1 きゅうりは長さを3等分に切り、じゃばらに切り込みを入れる。

2 冷凍保存袋に入れて A を加えてもみまぜる。

| 1/4量 33kcal | 塩分 0.5 g |

じゃばら切りは、箸できゅうりの両サイドをはさみ、包丁で細かく切り込みを入れていきます。面倒なときは、ピーラーで縦に3カ所くらい皮をむいておくだけでもOK！

保存
●冷蔵
約4日

即席オイキムチ

香味野菜や唐辛子入りの汁にちょっと漬けるだけでもおいしい、さっぱり味です

材料 （作りやすい分量）

きゅうり … 3本
大根 … 5cm
にんじん … 1/3本

A
```
 水 … 大さじ1
 おろしにんにく … 小さじ1
 おろししょうが … 小さじ1
 韓国唐辛子(粉末)
   … 大さじ1/2〜1
 砂糖 … 大さじ1/2
 塩 … 小さじ2/3
 和風だしのもと … 小さじ1/2
```

作り方

1 きゅうりは乱切りにし、塩小さじ1/2(分量外)を振る。大根とにんじんはせん切りにし、塩小さじ1/3(分量外)を振る。それぞれ水分が出てきたら、水けをしぼる。

2 ボウルでAをよくまぜ、1を加えてまぜる。

全量 111kcal ｜ 塩分 4.9g

> 韓国唐辛子がない場合は、一味唐辛子を加えてください。ただし一味唐辛子は辛みが強いので、量は少なめに

保存

● 冷蔵
約4日

大活躍の素材保存野菜

香りづけとしてよく使う香味野菜、彩り鮮やかな青菜類も、
使いやすい切り方で保存しておくと、いちいち切る手間が省けるので
時短にもつながります。安いときに多めに買って、冷凍しています。

にんにく

料理ににんにくの香りが加わると、一気にう
まみがアップします。薄切り保存もおすすめ

しょうが

体を温める効果のあるしょうがは、料理の風
味づけにもかかせません。せん切りも便利

みじん切り

にんにく適量はみじん
切りにし、冷凍保存袋
に平らに入れ、空気を
抜いて口を閉じる。

みじん切り

しょうが適量はみじん
切りにし、冷凍保存袋
に平らに入れ、空気を
抜いて口を閉じる。

保存
◯冷凍
約30日

保存
◯冷凍
約30日

こんな料理に！
● p.29　玉ねぎときのこの豆乳スープ
● p.118　さば缶でアクアパッツァ

こんな料理に！
● p.102　レンジで鶏そぼろ
● p.120　さば缶そぼろ

青菜
（小松菜）

鮮度が落ちやすいので、使わない分は冷凍に。
汁物や炒め物に、いつでもプラスできます

ざく切り

小松菜は根元を落として5cm長さに切り、冷
凍保存袋に入れ、空気を抜いて口を閉じる

保存
○ 冷凍 約30日
● 冷蔵 約3日

こんな料理に！
● p.37　小松菜のおひたし
● p.106　さばのみそ煮
● p.121　さば缶と小松菜の梅あえ
● p.140　無限春菊

同じ
保存方法

いろいろな青菜もOK！

ほうれんそうや春菊、チンゲン菜な
どの青菜類も、冷凍保存できます。
小松菜と同じように根元を落として
ざく切りにし、生のまま冷凍保存袋
へ。使うときは凍ったまま、料理に
加えます。

春菊

ほうれんそう

いつも使っている! 作りおき便利調味料

やる気が出ない日の味方! これを加えれば一品になる便利なたれです。
手作りでも日もちするので、たっぷりと作っておきます。

ねぎ塩だれ

さっぱり味が食べたい日は
肉料理や冷ややっこをこのたれで

保存 ●冷蔵 約7日

材料 (作りやすい分量)
長ねぎのみじん切り … 1本分
ごま油 … 大さじ3
塩 … 小さじ1と1/2

作り方
1 清潔な保存容器にすべての材料を入れ、よくまぜる。
2 冷蔵庫に入れて保存する。

> ごま油風味を加えるだけで、チャーハンの味も格段にアップ。ねぎの本数を増やす場合は、ほかの分量も合わせて増量します

こんな料理に!
●p.139 砂肝のねぎ塩レモン

ビビンだれ

かけるだけでおいしい!
コチュジャンがきいた甘辛たれ

保存 ●冷蔵 約30日

材料 (作りやすい分量)
おろしにんにく … 小さじ1
コチュジャン … 大さじ5
酢 … 大さじ4
しょうゆ … 大さじ3
砂糖 … 大さじ3
ごま油 … 大さじ3
お好みで韓国唐辛子(粉末)
　　… 大さじ1〜2

作り方
1 すべての材料をボウルに入れ、よくまぜる。
2 清潔な保存容器に移し、冷蔵庫に入れる。

> そうめんや中華めん、春雨、ゆでたほうれん草などをあえるのがおすすめ。食べるときにまぜるだけで韓国風の味わいに

こんな料理に!
●p.138 なすのユッケ風
●p.139 ピリ辛こんにゃく

めんつゆ

作ってみると意外に簡単!
けずり節たっぷりのつゆ

保存 ●冷蔵 約30日

材料 (作りやすい分量)
しょうゆ … 200㎖
酒 … 200㎖
みりん … 135㎖
けずり節 … 20g
昆布 … 20g

作り方
1 すべての材料を鍋に入れ、一晩おく。
2 1を火にかけ、煮立ったら弱火にして5分くらい煮る。
3 キッチンペーパーを敷いたざるでこし、冷めたら清潔な保存容器に入れて冷蔵庫へ。

> だしをとり終わったあとのけずり節はいってふりかけに、昆布は刻んで煮物に加えるので、食品ロスはゼロです

こんな料理に!
●p.37 小松菜のおひたし
●p.108 さけときのこの焼きびたし
●p.115 おろし豆腐ハンバーグ
●p.126 アボカドのめんつゆ漬け
●p.134 にんじんのクリームチーズあえ

一度に大量仕込み
肉と魚介の
使いきり・作りおき

肉や魚介をお買い得の日に買って冷凍しておくと、経済的。
ですがそのまま使い忘れてしまうことも多々あります。
予防策は、下味をつけたり調理をして保存しておくことです。

下味
冷凍 肉じゃが

完成
冷凍 レンジで鶏チャーシュー

肉を大量仕込み するメリット

肉は特売日に大量に買うと経済的で、作りおきの種類も増えて食生活が充実。牛・豚・鶏肉などすべてが安ければラッキーですが、鶏肉など1種類が安いときは、いろいろな部位や骨つき肉を買って、下味冷凍や完成冷凍します。

メリット ⑤

①	安い日に大量に買うと、とにかく経済的
②	下味冷凍しておくと肉に味がしっかり浸透
③	解凍時にさらに味がしみ込んで味わいUP
④	時間がなくても、豪華な主菜が登場
⑤	その日の気分で、食べたい肉を選べる

魚介の使いきり・ 作りおきメリット

さけやさば、えびなど一年中出まわるものを中心にまとめ買いし、作りおき保存。新鮮な刺し身やさんまなど旬の魚介は、シンプル調理で楽しみます。魚介は鮮度がよいうちに保存すると、よりおいしい状態をキープできます。

メリット ⑤

①	冷凍保存すると鮮度を保てる
②	定番から旬の味わいまで多種類を楽しめる
③	下味保存しておくと調味料が臭み消しに
④	面倒な魚料理が、簡単に完成
⑤	何種類かを合わせ、ミックス保存ができる

おき Erika'sアイデア

鶏肉3枚の場合

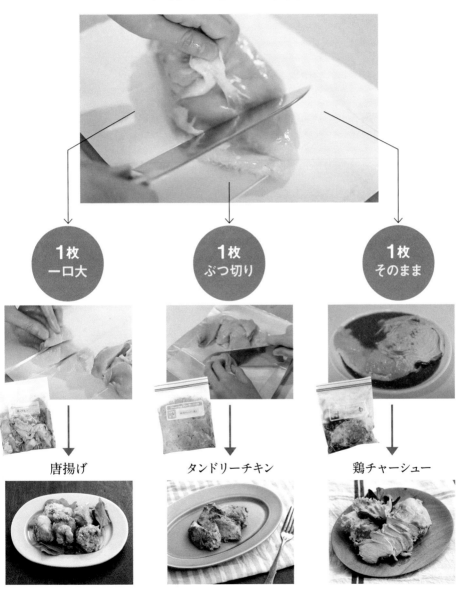

1枚 一口大

1枚 ぶつ切り

1枚 そのまま

唐揚げ

タンドリーチキン

鶏チャーシュー

豚肉 _pork_

主な栄養素はタンパク質、脂質、ビタミンB1。中でもビタミンB1が豊富で、ほかの食肉の数倍もあります。ビタミンB1は糖質をエネルギーに変えるときに必要で、疲労回復やスタミナアップに役立ちます。加熱しても壊れにくく、体内での吸収効率に優れています。

炒め物　下味冷凍

豚肉のしょうが焼き

下味冷凍すると肉の内部まで調味液が浸透し、やわらかくなります

材料（2人分）

豚こまぎれ肉 … 300 g

A ┌ おろし玉ねぎ … 1/4個分
　├ おろししょうが … 大さじ 1
　├ しょうゆ … 大さじ 2
　└ 砂糖 … 大さじ 2

サラダ油 … 適量
キャベツ … 適量
トマト … 適量

作り方

▼ 保存

1 冷凍保存袋に豚肉、Aを入れ、袋の上からもみ込む。袋の中身を平らにし、空気を抜いて口を閉じる。

保存
○冷凍 約30日
●冷蔵 約2日

▼ 調理

2 1を解凍してサラダ油を引いたフライパンに入れ、ふたをして弱めの中火で5分くらい蒸し焼きにする。ふたをとって、水分を飛ばしながらさらに炒める。

3 器に盛り、せん切りにしたキャベツ、くし形切りにしたトマトを添える。

豚肉は使う前日に冷蔵庫に移し解凍。急ぐ場合は電子レンジで半解凍しても！

｜1人分 **482kcal**｜塩分 **2.9 g**｜

い。下味つけや調理をしてから保存します

焼き物　下味冷凍

豚肉の梅みそ焼き

梅の香りとみその香ばしさに、豚肉をさっぱりとつけ込みます

材料 （2人分）

豚ロース厚切り肉 … 2枚
梅干し … 1個
A ┌ みそ … 大さじ1
　└ みりん … 大さじ1
サラダ油 … 適量
レタスなどの葉野菜 … 適量

作り方

▼ 保存

1 梅干しは種を除いて細かくたたき、Aを加えてまぜる。

2 冷凍保存袋に豚肉、1を入れてもみ、豚肉全体に調味料をなじませる。袋の中身を平らにし、空気を抜いて口を閉じる。

▼ 調理

3 2を解凍し、サラダ油を引いたフライパンに入れ、ふたをして5分くらい加熱する。

4 ふたをとって水分を飛ばし、ひっくり返して両面を焼く。焼き上がったら、葉野菜を添えた器に盛る。

| 1人分 **455**kcal | 塩分 **2.8g** |

保存
○冷凍 約30日
●冷蔵 約2日

煮豚

フライパンでまずは香ばしく焼いて、そのままじっくり煮込んでいきます

| 材料 | （作りやすい分量）

豚肩ロースブロック肉
　　… 2本（約800 g）

A
- しょうゆ … 100㎖
- 酒 … 50㎖
- みりん … 50㎖
- 砂糖 … 大さじ1
- 長ねぎの青い部分、
　　しょうが … 各適量

サラダ油 … 適量

| 作り方 |

1　フライパンにサラダ油を熱し、豚肉を入れて転がしながら表面に焼き色をつける。

2　鍋に1とAを入れ、豚肉がかぶるくらい水を加え、煮立ったらアクをとる。

3　落としぶたをして弱めの中火で30分煮、ひっくり返してさらに30分煮る。

| 1/4量 **543** kcal | 塩分 **2.4** g |

保存

○ 冷凍 約30日
● 冷蔵 約4日

保存容器に入れ、食べる分だけ切り出します。冷凍する場合は、薄切りにしてから冷凍すると使いやすい

87

炒め物　下味冷凍

ねばねばオクラの肉巻き

オクラはゆでずに肉で巻いて焼くだけなので、とても簡単です

材料 （2人分）

豚ロース薄切り肉 … 8枚
オクラ … 8本

A
- みりん … 大さじ1
- しょうゆ … 小さじ2
- ゆずこしょう … 小さじ2

サラダ油 … 適量

作り方

▼ 保存

1 オクラはガクのまわりのかたい部分を包丁でむき、豚肉をクルクルと巻きつける。

> オクラ1本に豚肉1枚を巻きます

2 冷凍保存袋にAを入れてまぜ、1を加えて全体にからめる。袋の中身を平らにし、空気を抜いて口を閉じる。

▼ 調理

3 フライパンにサラダ油を引いて凍ったままの2を並べ、ふたをして弱めの中火で5分くらい蒸し焼きにする。ふたをとって、転がしながら炒めて水分を飛ばす。

保存

○冷凍 約30日
●冷蔵 約2日

│ 1人分 **382**kcal │ 塩分 **2.3**g │

煮物 **完成冷凍**

レンジでポークビーンズ

缶詰のミックスビーンズは、短時間でもやわらかくこっくり仕上がります

材料 （2人分）

豚こまぎれ肉 … 200g
かたくり粉 … 小さじ2
玉ねぎ … 1/4個
ミックスビーンズ缶
　… 1缶（100g）
A ┌ トマトケチャップ
　│　… 大さじ2
　│ 中濃ソース … 大さじ1
　└ 塩、こしょう … 各少々
好みであらびき黒こしょう
　… 適量

作り方

1 豚肉はかたくり粉をまぶしてボウルに入れ、Aを加えてまぜる。

2 玉ねぎは薄切りにし、ミックスビーンズは汁けをきって、1に加えまぜる。

3 耐熱容器に入れ、ラップをかけて電子レンジで1分50秒加熱する。一度とり出してまぜ合わせ、さらに1分50秒加熱し、好みであらびき黒こしょうを振る。

| 1人分 **339**kcal | 塩分 **1.8**g |

保存

○ 冷凍 約**30**日
● 冷蔵 約**4**日

途中でとり出してまぜると、加熱と味むらがなくなります

89

部位によって食感や味わいが違うの

鶏肉

chicken

鶏もも肉

手羽先

アミノ酸バランスに優れた良質の
タンパク質、抗酸化作用のあるビ
タミンA、疲労回復に効果的なビ
タミンB群などを多く含みます。
皮は脂質が多いため、とり除くと
低カロリーに。手羽の部分には、
血管や皮膚を健康に保つコラーゲ
ンが豊富です。

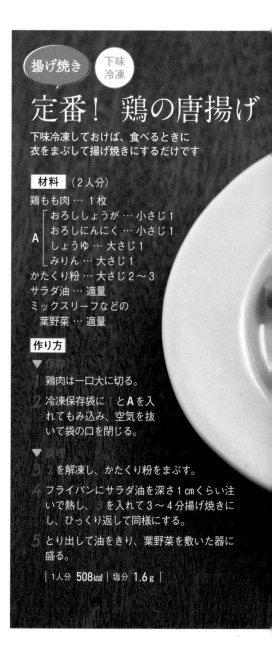

揚げ焼き ／ 下味冷凍

定番！ 鶏の唐揚げ

下味冷凍しておけば、食べるときに
衣をまぶして揚げ焼きにするだけです

材料 （2人分）

鶏もも肉 … 1枚
A
［ おろししょうが … 小さじ1
　おろしにんにく … 小さじ1
　しょうゆ … 大さじ1
　みりん … 大さじ1 ］
かたくり粉 … 大さじ2〜3
サラダ油 … 適量
ミックスリーフなどの
　葉野菜 … 適量

作り方

▼ 保存

1 鶏肉は一口大に切る。

2 冷凍保存袋に 1 とAを入
れてもみ込み、空気を抜
いて袋の口を閉じる。

▼ 調理

3 2 を解凍し、かたくり粉をまぶす。

4 フライパンにサラダ油を深さ1cmくらい注
いで熱し、3 を入れて3〜4分揚げ焼きに
し、ひっくり返して同様にする。

5 とり出して油をきり、葉野菜を敷いた器に
盛る。

| 1人分 **508**kcal | 塩分 **1.6** g |

シピのアイデアが広がる食材です

保存

○冷凍 約30日
●冷蔵 約2日

煮物　下味冷凍

手羽元の塩麹煮

手羽元に塩麹をもみ込むと、臭みが消えてしっとりやわらか！

材料 （2人分）

鶏手羽元 … 8本

A ┌ 塩麹 … 大さじ2
　└ 酒 … 大さじ1

塩麹 … 大さじ1

作り方

▼ 保存

1 冷凍保存袋に手羽元とAを入れてもみ込み、空気を抜いて口を閉じる。

▼ 調理

2 鍋に解凍した1とかぶるくらいの水を入れ、塩麹を加えて火にかけ、ふたをして弱火で15分くらい煮る。

| 1人分 **277**kcal | 塩分 **1.5**g |

保存

○冷凍 約30日
●冷蔵 約2日

焼き物 ・ 下味冷凍

タンドリーチキン

カレー粉などの調味料につけて保存すれば、焼くだけでまるで本場の味に！

材料 （2〜3人分）

鶏胸肉 … 1枚（300g）

A
- マヨネーズ … 大さじ2
- カレー粉 … 大さじ1
- トマトケチャップ … 大さじ1
- おろしにんにく … 小さじ1
- おろししょうが … 小さじ1
- 塩 … 小さじ2/3
- こしょう … 少々

サラダ油 … 適量

作り方

▼ 保存

1 鶏肉は一口大のそぎ切りにし、冷凍保存袋にAとともに入れ、もみながらなじませる。袋の中身を平らにし、空気を抜いて口を閉じる。

▼ 調理

2 1を解凍してサラダ油を引いたフライパンに並べ、弱めの中火にかけ、ふたをして5分くらい蒸し焼きにする。

3 ふたをとり、火を強めて水分を飛ばし、ひっくり返して両面に焼き色をつける。

| 1/3量 **272**kcal | 塩分 **1.9**g |

保存

○ 冷凍 約30日
● 冷蔵 約2日

下味冷凍した鶏肉は、使う前日に冷蔵庫に移して解凍します

蒸し焼き ／ 完成冷凍

レンジで鶏チャーシュー

なんとたったレンチン6分でできる、驚くほど手軽に作れるチャーシューです

材料 （2人分）

鶏胸肉 … 1枚（300g）

A ┌ しょうゆ … 大さじ2
  └ みりん … 大さじ2

レタスなどの葉野菜
 … 適量

作り方

1 鶏肉は表面に50回くらいフォークを刺す。

2 耐熱容器にAを入れてまぜ、1を加えて全体にもみ込む。

3 ふんわりとラップをかけ、電子レンジで3分くらい加熱する。一度とり出してひっくり返し、さらに3分くらい加熱する。

4 食べやすく切って器に盛り、葉野菜を添える。

| 1人分 **390**kcal | 塩分 **1.5**g |

保存

○ 冷凍 約**30**日
● 冷蔵 約**4**日

保存するときは、肉と一緒にたれも加えてください

たっぷり野菜のタッカルビ

コチュジャンのピリ辛味でごはんが進みます。野菜はお好みのものでOK

材料 （2〜3人分）

鶏もも肉 … 1枚（約300g）
玉ねぎ … 1/2個
えのきだけ … 1/2袋（100g）
にら … 1束

A
┌ コチュジャン … 大さじ2
│ しょうゆ … 大さじ1と1/2
│ 砂糖 … 大さじ1と1/2
│ かたくり粉 … 小さじ2
│ おろしにんにく … 小さじ1
└ ごま油 … 小さじ1

作り方

1 玉ねぎは薄切り、にらは5cm長に切り、えのきだけは根元を切ってほぐす。鶏肉は一口大に切る。

2 耐熱容器にAを入れてまぜ、1を加える。

3 ラップをかけて電子レンジで4分くらい加熱し、一度とり出してまぜ、さらに4分くらい加熱する。

| 1/3量 **343**kcal | 塩分 **2.0**g |

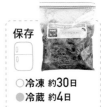

保存

○冷凍 約**30日**
●冷蔵 約**4日**

電子レンジの加熱時間は、様子を見て加減してください

95

手ごろで使いやすい切り落とし肉をま

牛肉 beef

体をつくる良質なタンパク質、エネルギー代謝にかかせないビタミンB群、そして鉄分などを含みます。とくに赤身部分に豊富な鉄分は、吸収のよいヘム鉄で、貧血予防などに働きます。脂質が多いのが気になる場合は、ヒレやももなど赤身の肉を選べばカロリーを抑えられます。

〔炒め物〕 〔下味 冷凍〕

牛肉とごぼうの
オイスターソース炒め

肉だけに合わせ調味料をまぶして保存し、
炒めるときにごぼうにも味をなじませます

〔材料〕（3人分）
牛切り落とし肉 … 300g
ごぼう … 1本
A
┌ オイスターソース … 大さじ1
│ 酒 … 大さじ1
│ しょうゆ … 大さじ1
│ 砂糖 … 小さじ2
└ おろししょうが … 小さじ2/3
サラダ油 … 適量

〔作り方〕

▼ 保存

1 ごぼうはよく洗って包丁の背などで皮をこそげ、ななめ薄切りにして水にさらす。

> ごぼうの皮に香りやうまみがあるため、軽くこする感じで！

2 冷凍保存袋にAを入れてまぜ、牛肉を加えて味をなじませ、ごぼうを上にのせる。

3 袋の中身を平らにし、空気を抜いて口を閉じる。

保存

○冷凍 約30日
●冷蔵 約2日

▼ 調理

4 3を解凍し、サラダ油を薄く引いたフライパンに入れ、ふたをして弱めの中火で5分くらい炒める。牛肉に火が通ったらふたをとり、水分を飛ばすように炒め合わせる。

│ 1人分 **260**kcal │ 塩分 **1.7**g │

煮物　下味冷凍

肉じゃが

いつでも食べたい定番煮物だから、下味保存で煮るだけにしておきます

材料 （2人分）

牛切り落とし肉 … 160 g
じゃがいも … 3個
にんじん … 1本
玉ねぎ … 1/2個
A
　　だし … 100mℓ
　　しょうゆ … 大さじ 3
　　みりん … 大さじ 3

作り方

▼ 保存

1 じゃがいもは一口大に切り、にんじんは乱切り、玉ねぎはくし形切りにする。

2 冷凍保存袋に A と牛肉を入れてもみながらまぜ、1 を上にのせ、袋の空気を抜いて口を閉じる。

▼ 調理

3 2 を解凍し、鍋に入れて火にかけ、煮立ったら弱火にして15分くらい煮る。

保存

○冷凍 約30日
●冷蔵 約2日

冷凍→解凍と進むうちに、野菜にも合わせ調味料がなじみます

| 1人分 431 kcal | 塩分 2.1 g |

煮物　下味冷凍

牛皿（牛丼のもと）

少ない水分でたっぷりの玉ねぎと牛肉を煮ると、お店にも負けない味わいに

材料 （3人分）

牛切り落とし肉 … 300g
玉ねぎ … 1個

A
- みりん … 大さじ3と1/2
- しょうゆ … 大さじ2
- 鶏ガラスープのもと … 小さじ1/2

作り方

▼ 保存

1 玉ねぎはくし形切りにする。

2 冷凍保存袋にAと牛肉を入れてまぜ、1を上にのせる。袋の中身を平らにし、空気を抜いて口を閉じる。

▼ 調理

3 2を解凍してフライパンに入れ、水100mℓを加えて火にかけ、煮立ったら弱火で5分くらい煮る。

| 1人分 316kcal | 塩分 2.1g |

こんな料理に!

● P36　牛丼

保存
○冷凍 約30日
●冷蔵 約4日

炒め物 / 下味冷凍

牛肉のケチャップソース

子どもにも大人気のやさしい味で、ごはんやパスタにのせるのもおすすめ

材料 （2人分）

牛切り落とし肉 … 250g
玉ねぎ … 1/2個

A
┌ トマトケチャップ
│ … 大さじ4
│ 中濃ソース … 大さじ2
│ 砂糖 … 小さじ1
└ 薄力粉 … 小さじ1

サラダ油 … 適量

作り方

▼ 保存

1 玉ねぎは薄切りにする。

2 冷凍保存袋にAと牛肉を入れて
まぜ、1を上にのせる。袋の中
身を平らにし、空気を抜いて口
を閉じる。

▼ 調理

3 2を解凍し、サラダ油を薄く引
いたフライパンに入れ、ふたを
して弱めの中火で5分くらい加
熱する。牛肉に火が通ったらふ
たをとり、水分を飛ばすように
炒め合わせる。

保存

○冷凍 約30日
●冷蔵 約2日

炒めるときにスパイスや
ハーブを加えると、刺激
的な味に変わります

| 1人分 389kcal | 塩分 2.2g |

煮物 完成冷凍

牛肉のつくだ煮

作り方はただ調味料で煮るだけ！
安い切り落とし肉でも、十分に味わい深くなります

材料 （作りやすい分量）

牛切り落とし肉 … 300 g
A
酒 … 大さじ 3
しょうゆ … 大さじ 3
みりん … 大さじ 3

作り方

1 鍋に **A** を入れて煮立て、牛肉を加え、アクが出てきたらとる。

2 弱めの中火にし、味がなじむようときどきまぜながら10分くらい煮る。汁けがほとんどなくなったらでき上がり。

| 1/4量 **245**kcal | 塩分 **2.0** g |

つくだ煮なので味つけは濃いめ。塩分が気になるときは、お好みで調味料の分量を加減してください

牛肉の脂が固まっている場合は、食べるときに電子レンジで少し加熱すると、食べやすくなります。しょうがを加えても美味！

保存

○ 冷凍 約**30**日
● 冷蔵 約**4**日

Erika's Policy

丸めたりほぐしたりさまざまに使え、火の通りが早いのも利点です

ひき肉

minced meat

いろいろな形に変えられて使い勝手がよく、値段も手ごろなひき肉。牛肉、豚肉、鶏肉の本来のタンパク質はひいてもそのまま。牛肉と豚肉のひき肉は脂質が多めですが、コクやうまみをしっかりと感じられます。鶏のひき肉は脂質が少なく、あっさりとした味わいになります。

いり煮 / 完成冷凍

レンジで鶏そぼろ

大人気の常備菜。まぜるときに小さい泡立て器を使うと、より早くそぼろ状に

材料 （作りやすい分量）

鶏ひき肉 … 300g
しょうがのみじん切り … 1かけ分

A
- しょうゆ … 大さじ2
- みりん … 大さじ1
- 砂糖 … 大さじ1

しょうがは、チューブのおろししょうが小さじ1でもOKです

作り方

1 耐熱容器にひき肉、しょうが、Aを入れ、箸でまぜる。

2 ふんわりとラップをかけて電子レンジで2分30秒加熱し、一度とり出して箸でまぜてほぐす。さらにレンジで2分30秒加熱し、箸でまぜてほぐす。

| 1/4量 **164**kcal | 塩分 **1.4**g |

保存
○冷凍 約30日
●冷蔵 約4日

定番！ ハンバーグ

冷たいフライパンに入れて焼き始め、さらに蒸し焼きにするとふっくらジューシー！

材料 （3人分）

合いびき肉 … 300 g
玉ねぎのみじん切り
　　… 1/2個分
卵 … 1個
A
　パン粉 … 100 g
　牛乳 … 100ml
　塩、こしょう … 各少々
　あればナツメグ … 少々
サラダ油 … 適量
B
　赤ワイン … 大さじ 3
　中濃ソース … 大さじ 3
　トマトケチャップ
　　… 大さじ 3
さやいんげん … 適量
トマト … 適量

作り方

▼ 保存

1 ひき肉、玉ねぎ、割りほぐした卵、Aを冷凍保存袋に入れ、もむようにしてまぜる。袋の中身を平らにし、空気を抜いて口を閉じる。

保存
○冷凍 約30日
●冷蔵 約1日

▼ 調理

2 1を解凍して6等分し、小判形に整える。

3 フライパンにサラダ油を引き、2を並べて火にかける。片面が焼けたらひっくり返し、ふたをして3分くらい蒸し焼きにしてとり出す。

4 3のフライパンにBを入れて火にかけ、とろみがつくまで煮てソースを作る。

5 器に3を盛って4をかけ、ゆでたさやいんげん、くし形切りにしたトマトを添える。

いんげんは筋をとって、食べやすい長さに切ります

| 1人分 **397**kcal | 塩分 **1.9** g |

ソース
完成
冷凍

レンジで簡単ミートソース

ぜ〜んぶの材料をまぜてレンチンするだけなので、忙しいときにこそ作ります

材料 （2人分）

合いびき肉 … 250 g
玉ねぎのみじん切り … 1/2個分

A
┌ トマトケチャップ … 大さじ 3
│ 中濃ソース … 大さじ 2
│ しょうゆ … 小さじ 2
└ こしょう … 少々

作り方

1 耐熱ボウルにひき肉、玉ねぎ、A を入れてまぜる。

2 ラップをかけて電子レンジで 3 分くらい加熱し、一度とり出して箸でまぜる。

3 再度ラップをかけて電子レンジで 2 分くらい加熱し、箸でまぜ合わせる。

> 保存するときは、あら熱がとれるまでそのままおく

| 1人分 **390** kcal | 塩分 **2.7** g

保存

○冷凍 約**30**日
●冷蔵 約**4**日

こんな料理に！

● p.28　ミートソースパスタ

焼き物 下味冷凍

つくねだんご

ひき肉をねぎみそ味にしてから丸めているので、焼くだけで十分においしい！

材料 （3人分）

鶏ひき肉 … 300g
はんぺん … 大判1枚
A [
　みそ … 小さじ2
　おろししょうが … 小さじ1
　長ねぎのみじん切り
　　… 1/3本分
]
いり白ごま … 適量
サラダ油 … 適量

作り方

▼ 保存

1 ボウルにひき肉、はんぺんを入れ、手ではんぺんをくずすようにしてこねる。

> くずしたはんぺんが、全体のまとめ役です

2 Aを加えてさらによくこね、冷凍保存袋に入れて平らにし、空気を抜いて口を閉じる。箸などで9等分に線をつける。

▼ 調理

3 2を解凍して丸く成形する。

4 フライパンにサラダ油を引いて3を並べ、弱めの中火で両面を焼く。仕上げにごまを振る。

| 1人分 **249**kcal | 塩分 **1.0**g |

保存

○冷凍 約30日
●冷蔵 約1日

魚介 *seafood*

さば

さけ

ししゃも

えび

魚介類は旬を味わえる贅沢な食材。だからこそおいしい状態で保存します。いつでも手に入りやすい抗酸化作用の強いさけやさば、低脂質の白身魚、いかやえび、骨まで食べられてカルシウムたっぷりのししゃもなどは、便利なうえヘルシーです。

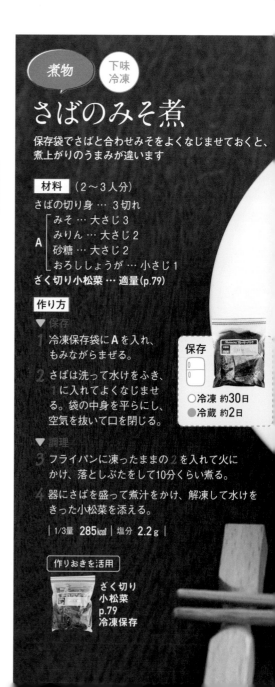

煮物 **下味冷凍**

さばのみそ煮

保存袋でさばと合わせみそをよくなじませておくと、煮上がりのうまみが違います

材料 （2〜3人分）

さばの切り身 … 3切れ

A ┌ みそ … 大さじ3
  │ みりん … 大さじ2
  │ 砂糖 … 大さじ2
  └ おろししょうが … 小さじ1

ざく切り小松菜 … 適量(p.79)

作り方

▼ 保存

1 冷凍保存袋にAを入れ、もみながらまぜる。

2 さばは洗って水けをふき、1に入れてよくなじませる。袋の中身を平らにし、空気を抜いて口を閉じる。

保存

○ 冷凍 約30日
● 冷蔵 約2日

▼ 調理

3 フライパンに凍ったままの2を入れて火にかけ、落としぶたをして10分くらい煮る。

4 器にさばを盛って煮汁をかけ、解凍して水けをきった小松菜を添える。

| 1/3量 285kcal | 塩分 2.2g |

作りおきを活用

ざく切り
小松菜
p.79
冷凍保存

すると、凍っていくときに味がよくしみる！

さけときのこの焼きびたし

冷凍が進むうちに、さけと調味料のうまみがきのこに伝わります

材料 （2人分）

さけの切り身 … 2切れ
しめじ … 1パック
えのきだけ … 1/2袋
A ┌ めんつゆ(p.80) … 50mℓ
　 └ 水 … 150mℓ
サラダ油 … 小さじ2

作り方

1 しめじは石づきを切ってほぐし、えのきだけは根元を落として長さを3等分に切る。

2 フライパンにサラダ油を熱してさけを入れ、あいている部分に1を入れる。

3 さけの片面が焼けたらひっくり返し、きのこは炒め合わせる。Aを加え、ひと煮立ちさせる。

| 1人分 185kcal | 塩分 1.4g |

保存

○冷凍 約30日
●冷蔵 約4日

炒め物 下味冷凍

たらキムチ

ごはんにもお酒にも合う、ピリ辛味の魚料理です。たらはカットして加えてもOK

材料 （2人分）

たらの切り身 … 2切れ
にら … 1束
白菜キムチ … 80g
A ┌ 酒 … 大さじ1
  │ しょうゆ … 小さじ2
  └ ごま油 … 小さじ1
サラダ油 … 適量

作り方

▼ 保存

1 にらは5cm長さに切り、キムチは食べやすい大きさに切る。

2 冷凍保存袋にAを入れてまぜ、たらを加えて全体にからむようにもむ。

3 2の上にキムチ、にらを順にのせ、空気を抜いて口を閉じる。

保存
- 冷凍 約30日
- 冷蔵 約2日

▼ 調理

4 3を解凍し、薄くサラダ油を引いたフライパンにたらを下にして入れ、ふたをして弱めの中火で5分くらい加熱する。ふたをとって3分くらい加熱し、水分を飛ばす。

| 1人分 **153**kcal | 塩分 **2.3**g |

こんな料理に!

● p.24 たらキムチのチーズ焼き

マリネ　完成冷凍

ししゃものカレー甘酢漬け

ししゃもは下処理なしで丸ごと漬け込めるので、本当にラクちんです

材料 (2人分)

ししゃも … 8尾
玉ねぎ … 1/4個
にんじん … 1/3本
かたくり粉 … 大さじ1
A
　酢 … 大さじ2
　しょうゆ … 大さじ1
　砂糖 … 大さじ1
　カレー粉 … 小さじ1
　水 … 50mℓ
サラダ油 … 大さじ1

作り方

1 玉ねぎは薄切り、にんじんはせん切りにする。

2 ししゃもはかたくり粉をまぶし、サラダ油を熱したフライパンに並べて両面を焼く。

3 耐熱容器にAを合わせ、1を入れて電子レンジで1分くらい加熱し、2に漬ける。

| 1人分 242kcal | 塩分 1.6g |

保存

○冷凍 約30日
●冷蔵 約4日

ししゃもが熱いうちに、漬け汁に入れてください。漬けてすぐからおいしく食べられます

蒸し物 ／ 下味冷凍

いかとパプリカのハーブ蒸し

ハーブとオリーブオイルの風味を加えるだけで、地中海風のひと品になります

材料 （2人分）

いか … 1ぱい
赤パプリカ … 1/2個
黄パプリカ … 1/2個

A
┌ 酒 … 大さじ1
│ オリーブオイル
│　 … 大さじ1/2
└ 塩 … 小さじ1/3

バジル、パセリなど
　お好みのハーブ（乾燥）
　… 適量

作り方

▼ 保存

1 いかは胴体を1cm幅の輪切りにし、げそは2、3本ずつに切り分ける。パプリカは縦に1cm幅に切る。

2 冷凍保存袋にいかとAを入れ、もむようにしながらまぜる。

3 2の上にパプリカをのせ、空気を抜いて袋の口を閉じる。

▼ 調理

4 解凍した3をフライパンに入れてハーブを振り、ふたをして弱めの中火で5分蒸し焼きにする。ふたをとり、水分を飛ばしながら2〜3分加熱する。

| 1人分 **183**kcal | 塩分 **1.7**g |

保存

○冷凍 約30日
●冷蔵 約2日

えびのチリソース

甘辛調味料でえびに下味をつけておくと、加熱時間が短縮され、えびはプリップリのまま！

材料 （2人分）

えび（冷凍） … 300 g
長ねぎのみじん切り … 1/2本分

A
- おろししょうが … 小さじ 1
- おろしにんにく … 小さじ 1
- 酒 … 大さじ 1
- 砂糖 … 大さじ 1
- トマトケチャップ … 大さじ 3
- 豆板醤 … 小さじ 1

レタスなどの葉野菜 … 適量

作り方

▼ 保存

1 えびは解凍して背中に切り込みを入れ、あれば背わたをとる。

2 冷凍保存袋に 1、長ねぎ、A を入れ、もむようにしてまぜ、袋の中身を平らにし、空気を抜いて口を閉じる。

▼ 調理

3 2 を解凍してフライパンに入れ、ふたをして弱めの中火で 5 分くらい蒸し焼きにする。ふたをとり、火を強めて炒めながら水分を飛ばす。器に盛り、葉野菜を添える。

| 1人分 **214**kcal | 塩分 **1.8** g |

保存
○冷凍 約30日
●冷蔵 約2日

こんな料理に！

● p.32　えびチリ卵

<u>これもおすすめ！</u>
買いおき・作りおきから
仕上げる
アレンジレシピ

作りおき食材を使いこなし、時短につなげるアイデア。
さらに豆腐や缶詰などストック食材と合わせるだけで、
簡単に何品も楽しめるメニューをご紹介します。

レンジでチャプチェ

作りおきを活用

鶏そぼろ　　きのこミックス

冷凍に向かない食材は「冷蔵作りおき」か冷凍してもおいしい状態で保存します

大豆製品

豆腐

厚揚げ

おからパウダー

大豆の水煮

良質の植物性タンパク質が注目されている大豆製品。日ごろからよく口にする食材ですが、豆腐や厚揚げなどは、冷凍するとうまみが半減し、食感も再生されません。作りおきは冷蔵保存するか、冷凍保存する場合はくずして料理を完成させてから凍らせます。

漬け物　完成保存

豆腐の塩麹漬け

塩麹が豆腐の水分を吸いとって、まるでチーズのような食感です

材料 （作りやすい分量）

木綿豆腐 … 1丁
塩麹 … 大さじ2

作り方

> 豆腐を包んで漬けると、味がしっかり浸透！ 面倒であれば、包まないでそのままでも大丈夫です

1 豆腐は水きりし、保存容器に入れて塩麹をまぶす。

2 途中で水分が出てくるので、キッチンペーパーかラップで包み、冷蔵庫で2日以上おく。

3 食べる分だけ薄切りにし、残りはそのままの状態で冷蔵保存する。

全量 259kcal ｜ 塩分 3.9g

保存

●冷蔵
約4〜5日

> 保存容器で作ってそのまま保存するので、とても便利です。塩麹をまぶすときは、側面や下側にも忘れずにぬりましょう

おろし豆腐ハンバーグ

焼き物
作りおき活用

豆腐をくずしてヘルシーバーグに。この状態ならば冷凍保存OKです

材料 （2人分）

鶏ひき肉 … 250 g
木綿豆腐 … 1/2丁
めんつゆ(p.80) … 大さじ 2
みじん切り玉ねぎ(p.54) … 50 g
サラダ油 … 適量
大根おろし … 適量
しょうゆ … 適量
葉野菜 … 適量
ミニトマト … 適量

作りおきを活用

みじん切り玉ねぎ
p.54
冷凍保存

作り方

1 木綿豆腐は手で軽く水けをしぼる。

2 ボウルにひき肉、1、めんつゆ、玉ねぎを入れ、手で豆腐をくずしながら粘りが出るまでよくまぜ、8等分の小判形に丸める。

> 成形したハンバーグのたねを、すべてフライパンに並べてから、火にかけます

3 フライパンにサラダ油を引き、2を並べて焼く。焼き目がついたら返し、ふたをして火が通るまで3分くらい蒸し焼きにする。

4 器に盛り、大根おろしをのせてしょうゆをかけ、葉野菜とミニトマトを添える。

| 1人分 **349** kcal | 塩分 **2.2** g |

115

定番！厚揚げの煮物

冷めるまでおくと、
味がよりしっかりしみ込みます

材料 （2人分）

厚揚げ … 2枚

A
- だし … 200ml
- しょうゆ … 大さじ1と1/2
- みりん … 大さじ1と1/2
- 砂糖 … 小さじ1

あれば長ねぎの小口切り … 少々

作り方

1 厚揚げは油をキッチンペーパーでふ
きとり、食べやすい大きさに切る。

2 鍋にAを入れて火にかけ、煮立ったら
1を加え、落としぶたをして10分煮る。

3 器に盛り、あれば長ねぎをのせる。

| 1人分 132kcal | 塩分 1.0g |

保存
●冷蔵
約4日

落としぶたがないときは、
クッキングシートやキ
ッチンペーパーで代用。
鍋の大きさに合わせ、
折るか切ってのせます

漬け物　完成保存

大豆のだし漬け

漬けてすぐ食べられますが、
1〜2時間ひたすとよりおいしくなります

材料 （作りやすい分量）

大豆の水煮缶 … 1缶（120g）

A
- 水 … 100ml
- 白だし … 小さじ2

白だしは商品によって味の
濃さが違うので、味をみな
がら調節してください

作り方

保存容器にAを入れてまぜ、大豆
をひたす。

| 1/2量 173kcal | 塩分 1.9g |

保存
●冷蔵
約4日

揚げ焼き　完成冷凍

おからナゲット

おからパウダーを衣にしたチキンナゲット。パンにはさんでもおいしい！

材料 （3〜4人分）

鶏胸肉 … 1枚（300g）
おからパウダー … 20g

A
- 卵 … 1個
- 薄力粉 … 大さじ3
- マヨネーズ … 大さじ1
- しょうゆ … 大さじ1/2
- おろしにんにく … 小さじ1
- ナツメグ … 少々
- 塩、こしょう … 各少々

サラダ油 … 適量
好みの葉野菜 … 適量

作り方

1 鶏肉は皮を除き、包丁でたたいて細かくする。

2 ボウルにおからパウダー、水80mℓを入れてまぜ、1とAを加えてまぜ合わせ、10等分して成形する。

3 サラダ油をフライパンに底から1cm深さくらい入れ、両面を揚げ焼きにする。

4 器に葉野菜を敷き、3をのせる。

| 1/4量　217kcal | 塩分　1.1g |

保存
○冷凍 約30日
●冷蔵 約4日

117

買い物に行けない日は、青魚の缶詰

さば缶・いわし缶

いわし缶　　さば缶

缶詰は便利なので、必ずストックしています。よく使うのがさば缶、いわし缶など青魚の缶詰で、おいしさも栄養価の高さも魅力。良質なタンパク質をはじめ、骨をつくるカルシウムやビタミンD、アンチエイジング効果のあるDHAやEPAなどが豊富です。

煮物 ｜ 作りおき活用

さば缶でアクアパッツ

さば缶＋冷凍保存しておいた魚介の蒸し物で、ぱぱっと見た目豪華な蒸し煮の完成

材料 (2人分)

さばの水煮 … 1缶(160g)
みじん切りにんにく(p.78) … 小さじ1
いかとパプリカのハーブ蒸し(p.111)
　　… 450g
あさり(砂出しずみ) … 100g
酒 … 大さじ2
あらびき黒こしょう、バジル(乾燥) … 各適量

作りおきを活用

みじん切りにんにく
p.78
冷凍保存

いかとパプリカの
ハーブ蒸し
p.111
冷凍保存

> 砂出ししていないあさりは、3％の塩水に1時間くらいつけておきます。500mℓの水ならば、塩15gくらい

作り方

1 あさりは殻をこすり合わせて、水洗いする。

2 フライパンに缶汁ごとのさば、にんにくを入れて火にかけ、ふつふつしてきたら、凍ったままのいかとパプリカのハーブ蒸し、1、酒を加え、ふたをして弱火にし、あさりの殻が開くまで4分くらい加熱する。

3 仕上げにあらびき黒こしょう、バジルを振る。

｜ 1人分 **280** kcal ｜ 塩分 **2.2** g ｜

ンパク質を補給します

さば缶そぼろ

缶詰と食材冷凍を活用すればパパッと一品完成

材料 (作りやすい分量)

さばの水煮 … 1缶(160g)
みじん切りしょうが … 30g
A [しょうゆ … 小さじ2
　　みりん … 大さじ1]
いり白ごま … 適量

作りおきを活用

みじん切りしょうが
p.78
冷凍保存

作り方

1 フライパンにしょうがとA、さばの水煮を缶汁ごと入れ、火にかける。

2 ほぐしながら汁けが飛ぶまで炒め、ごまを振ってまぜる。

| 全量 **468**kcal | 塩分 **3.4**g |

さば缶と小松菜の梅あえ

さばの臭みを梅の風味が消して、さわやかな即席あえに仕上げます

材料 （作りやすい分量）

さばの水煮 … 1/2缶（80g）
ざく切り小松菜(p.79)
　… 1束(200g)
梅干し … 1個
けずり節 … 1パック

作りおきを活用

ざく切り小松菜
p.79
冷凍保存

作り方

1 梅干しは種をとり、包丁でたたいて
　ペースト状にする。

2 小松菜は解凍し、水けをしぼる。

3 缶汁をきったさばの水煮、1、けず
　り節を加えてまぜる。

| 1/3量 **81**kcal | 塩分 **1.1**g |

いわし缶ポテト

ジャーマンポテトのいわし版！　粉チーズでコクをプラスします

材料 （2～3人分）

いわしのかば焼き缶
　… 1缶（120g）
じゃがいも … 3個
粉チーズ … 適量
あらびき黒こしょう
　… 適量
サラダ油 … 適量

作り方

1 じゃがいもは食べやすい大きさに切って耐熱容器に入れ、ラップをふんわりかけて電子レンジで3分くらい加熱する。

> じゃがいもがやわらかくなるまで、レンチン！してください

2 フライパンにサラダ油を熱して1を焼き色がつくまで炒める。

3 いわしのかば焼きを缶汁ごと加え、いわしをほぐしながら汁けを煮詰めるように炒める。

4 器に盛り、粉チーズ、あらびき黒こしょうを振る。

| 1/3量 **172**kcal | 塩分 **0.6g** |

保存

○冷凍 約30日
●冷蔵 約4日

いわし缶のチーズピカタ

卵とチーズ風味の衣で、いわしをラフにまとめてこんがりと！

材料 （2〜3人分）

いわしのかば焼き缶
　　… 2缶(240g)
薄力粉 … 大さじ2
粉チーズ … 大さじ1
卵 … 1個
サラダ油 … 適量
好みであらびき黒こしょう、
　　パセリ(乾燥) … 各適量

作り方

1 卵は割りほぐし、粉チーズを入れてまぜる。

2 いわしのかば焼きは汁けをきり、1切れずつ薄力粉、1 を順にまぶす。

3 サラダ油を熱したフライパンに並べ、両面を焼く。好みであらびき黒こしょう、パセリを振る。

| 1/3量 **225**kcal | 塩分 **1.2g** |

保存

○冷凍 約30日
●冷蔵 約4日

123

Erika's Policy
少ない材料でおいしく、調味料も1

ひとつ調味料

めんつゆ

オイスターソース

みそ

ゆずこしょう

焼き肉のたれ

中濃ソース

「素材＋たったひとつの調味料でおいしくクッキング」。これは、チャレンジしているテーマのひとつです。調味料は塩分とうまみのあるもので、食材は加工品でないものと組み合わせます。そこでとくにおいしく簡単な6品のレシピをご紹介します。

焼き肉の
たれ

完成
保存

ゆで卵の
焼き肉のたれ漬け

うまみが凝縮された焼き肉のたれに、
卵を入れてほうっておけばでき上がります

| 材料 | （4個分）

ゆで卵 … 4個
焼き肉のたれ … 大さじ3

| 作り方 |

1 冷凍保存袋にゆで卵と焼き肉のたれを入れ、空気を抜いて口を閉じる。

2 そのまま1晩から1日、冷蔵庫で漬け込む。

> 漬け時間を長くすると黄身にまで味がしみ込み、深い味わいに。もちろん短時間漬けでも、十分においしいです

| 1個 84kcal | 塩分 0.6g |

でOK！という理想形のレシピです

保存
●冷蔵
約4日

完成 保存 めんつゆ

アボカドの めんつゆ漬け

めんつゆに一晩漬けたアボカドは、
だしの風味を含んでやさしい食感に

材料 （2人分）

アボカド … 1個

A めんつゆ（p.80） … 50mℓ
水 … 100mℓ

けずり節 … 適量

作り方

1 アボカドは種と皮を除いて2cm角
に切る。

2 保存容器に1を入れてAを注ぎ、
ふたをして冷蔵庫で一晩漬ける。

3 器に盛り、けずり節を散らす。

| 1人分 **199**kcal | 塩分 **1.2**g |

保存 ●冷蔵
約4日

 中濃 ソース 完成 冷凍

レバーのソース煮

いつもはかけるだけのソースを、
調味のベースに使うスパイシー煮物

材料 （3〜4人分）

鶏レバー … 240g
中濃ソース … 大さじ3
しょうがのせん切り … 1かけ分

作り方

1 レバーは小さめの一口大に切り、水
につけて軽くまぜる。これを3回く
らいくり返して血抜きをする。

2 鍋にソースと1、しょうがを入れて
火にかけ、煮立ったら弱火にして10
分くらい煮る。

| 1/4量 **75**kcal | 塩分 **0.4**g |

保存 ○冷凍
約30日
●冷蔵
約4日

オイスター
ソース

作りおき
活用

大根と鶏肉のオイスターソース煮

かきエキスたっぷりのソースで、シンプル煮の大根をしっかり味にリメイク

材料 （2〜3人分）

鶏もも肉 … 1枚
大根の鶏ガラスープ煮(p.49) … 250g
A ┌ おろししょうが … 小さじ1
　│ オイスターソース
　└ 　… 大さじ1と1/2
ごま油 … 適量
細ねぎの小口切り … 適量

作りおきを活用

大根の鶏ガラスープ煮
p.49
冷凍保存

作り方

1 鶏肉は一口大に切り、フライパンにごま油を引いて肉の色が変わるまで炒める。

2 汁ごと大根の鶏ガラスープ煮、Aを加え、煮立ったら弱火にして10分くらい煮、細ねぎを散らす。

ときどき全体をまぜて、
オイスターソースを大
根にからめます

| 1/3量 275kcal | 塩分 0.8g |

みそ 作りおき活用

かぼちゃと豚肉のみそ炒め

冷凍かぼちゃと豚肉を、みそ風味のこっくり炒め物で味わいます

材料 (2人分)

豚こまぎれ肉 … 200 g
角切りかぼちゃ(p.50) … 200 g
玉ねぎ … 1/4個
みそ … 大さじ2
サラダ油 … 適量
いり黒ごま … 適量

作りおきを活用

角切りかぼちゃ
p.50
冷凍保存

作り方

1 玉ねぎは薄切りにする。

2 フライパンに薄くサラダ油を引いて 1 を炒め、みそで調味する。凍ったままのかぼちゃを加え、ふたをして弱火で5分くらい蒸し焼きにする。

3 かぼちゃが温まったら豚肉を加えて炒め、1 を加えてまぜ、ごまを振る。

豚肉の色が変わったら調味料を入れ、軽くまぜて味をなじませます

| 1人分 511 kcal | 塩分 2.0 g |

128

ゆず
こしょう

完成
冷凍

手羽先のゆずこしょう焼き

ゆずこしょうの塩味と香りだけで、ごちそうに変身します

材料（2人分）

鶏手羽先 … 8本
ゆずこしょう … 大さじ1弱

オーブントースター
やグリルで、香ばし
く焼いてもOKです

作り方

1 手羽先はゆずこしょうをまぶし、30
　分以上おく。

2 天板にクッキングシートを敷いて手
　羽先を並べ、250度に予熱したオー
　ブンで20分くらい焼く。

| 1人分 **320**kcal | 塩分 **2.2**g |

保存

○冷凍 約**30**日
●冷蔵 約**4**日

キッチンでいちばん活躍するのが電

電子レンジ

料理を手間なく仕上げるには、電子レンジが強い味方になります。下味冷凍や完成冷凍は加熱すればすぐに食べられるのがいいところ。しかも加熱中はほったらかしでOK。調理道具が少なくてすむので、あとかたづけもラクちんです。

(炒め物)　(作りおき活用)

レンジでチャプチェ

作りおき2品に春雨を加えて、
レンチンたった4分で韓国風の一品に

材料 （2人分）

鶏そぼろ(p.102) … 大さじ3
ピーマン … 2個
にんじん … 1/4本
きのこミックス(p.66) … 160 g
春雨(カットタイプ) … 40 g
A [水 … 100㎖
　　オイスターソース … 小さじ2
　　ごま油 … 小さじ1]

作りおきを活用

鶏そぼろ
p.102
冷凍保存

きのこミックス
p.66
冷凍保存

作り方

1 ピーマンは細切り、にんじんは短冊切りにする。

2 耐熱容器にAを入れてまぜ、春雨をひたす。

3 2の上に鶏そぼろ、にんじん、きのこ、ピーマンを順にのせ、ふんわりとラップをかけて電子レンジで2分くらい加熱する。一度とり出してまぜ、さらに2分加熱する。

春雨をオイスターソース入りのつけ汁につけ、さらに野菜をのせてもどしながらもどし、をしみ込ませます

| 1人分 193kcal | 塩分 1.4 g

ンジ！ 簡単＆時短レシピの味方です

蒸し物　作りおき活用

鶏肉とキャベツのカレー蒸し

歯ごたえのあるスパイシー焼きが、レンチン9分でジューシーな蒸し物になります

材料 （1人分）

タンドリーチキン（p.93）… 150g
ざく切りキャベツ（p.42）… 2つかみ
しょうゆ … 小さじ1
パセリのみじん切り … 適量

作りおきを活用

タンドリー
チキン
p.93
冷凍保存

ざく切りキャベツ
p.42
冷凍保存

作り方

1　耐熱容器に半解凍したタンドリーチキンを入れ、その上に凍ったままのキャベツをのせる。

2　ふんわりとラップをかけて電子レンジで4分30秒加熱し、一度とり出してまぜ、さらに4分30秒加熱する。

3　仕上げにしょうゆを加えて、さっとまぜ、パセリを散らす。

│ 1人分 220kcal │ 塩分 2.3g │

タンドリーチキンは
冷蔵庫で半解凍状態
にします

132

焼き物　作りおき活用

かぼちゃのチーズ焼き

和風のかぼちゃの甘煮とチーズの塩味が加わり、おいしさ倍増！

材料（2人分）

かぼちゃの煮物(p.52) … 100g
シュレッドチーズ … 適量

作りおきを活用

かぼちゃの煮物
p.52
冷凍保存

作り方

1 耐熱容器にかぼちゃの煮物を入れて電子レンジで解凍し、チーズを散らす。

2 オーブントースターに入れ、チーズに焼き色がつくまで焼く。

| 1人分 **144**kcal | 塩分 **1.3**g |

あえ物 　作りおき活用

にんじんのクリームチーズあえ

オイル蒸しにして冷凍保存したにんじんは、チーズとのからみがgood!

材料 （2人分）

にんじんの塩麹オイル蒸し(p.65)
　… 150g
クリームチーズ … 30g
めんつゆ(p.80) … 適量
パセリ(乾燥) … 適量

作りおきを活用

にんじんの
塩麹オイル蒸し
p.65
冷凍保存

作り方

1 クリームチーズは1cm角に切る。

2 にんじんの塩麹オイル蒸しを耐熱容器に入れ、電子レンジで1分30秒加熱し、1を加えてまぜる。

3 めんつゆを加えてまぜ、パセリを振る。

にんじんが熱いうちにチーズを加えると、全体にからみやすくなります

| 1人分 138kcal | 塩分 0.9g |

あえ物　作りおき活用

きのこの塩昆布あえ

うまみのある食材同士なので、シンプルでも味わい深い！

材料 （2人分）

きのこミックス(p.66) … 200 g
塩昆布 … 大さじ 2
ごま油 … 大さじ 1
いり白ごま … 適量

作りおきを活用

きのこミックス
p.66
冷凍保存

作り方

1 耐熱容器にきのこを入れ、ラップをかけて電子レンジで 4 分くらい加熱する。

2 塩昆布とごま油を加えてまぜ合わせ、ごまを振る。

| 1人分 **80**kcal | 塩分 **0.7** g |

> きのこミックスは、しいたけ 4〜5個の薄切り、ほぐしたしめじ 1株、長さを 3 等分に切ったえのきだけ 1株を合わせたもの

実感！料理をさらにおいしくする万能調味料

この調味料を使うと、料理がさらにおいしくなる！
そんなおすすめの調味料をご紹介します。簡単に手作りできるものもあります。

塩麹

うまみとまろやかな塩味で
料理をおいしくします

材料（作りやすい分量）

乾燥米麹 … 200g
塩 … 60g

作り方

1 ボウルに米麹を入れ、粒がバラバラになるまで
ほぐす。

2 塩を加えてよくまぜ、水300mlを加えてさらに
よくまぜる。

3 清潔な保存容器に移し、空
気が入るようにふたを少し
開け、室温に1週間くらい
おく。完成したら冷蔵庫へ。

保存
●冷蔵
180日

常温においているときは1日一度味見をしながらまぜ、
1週間～10日ほどででき上がりです。まざりにくかっ
たら、水を少し足してください

しょうゆ麹

しょうゆの香ばしさと
コクが加わります

材料（作りやすい分量）

乾燥米麹 … 200g
しょうゆ … 300ml

作り方

1 ボウルに米麹を入れ、粒がバラバラになるまで
ほぐす。

2 しょうゆを加え、よくまぜる。

3 清潔な保存容器に移し、空
気が入るようにふたを少し
開け、室温に1週間くらい
おく。完成したら冷蔵庫で
保存。

保存
●冷蔵
180日

塩麹と同様に様子を見ながら完成させ、途中でまざり
にくい場合はしょうゆを足します。塩麹と同様に、肉
や魚を漬けるとしっとりやわらかくなり、うまみもア
ップ。ゆで野菜や炒め物のかくし味に使っても

白だし

素材の色を残したいときには不可欠です

白しょうゆやうす口しょうゆにかつお節、昆布、
しいたけなどを加えているので、味は絶対的にお
いしいです！　色鮮やかに仕上げたい煮物の調味
に使ったり、変色しやすいアボカドや青じそを漬
け込んでみたりと広く応用できます。

こんな料理に！
●p.75 きゅうりの浅漬け　●p.116 大豆のだし漬け

塩昆布

ささっと食材と合わせるだけで絶品のでき上がり

おにぎりやお茶漬けによく使う塩昆布。うまみ成
分のグルタミン酸が豊富な昆布に塩をまぶしてあ
る状態なので、料理に加えるとだしとしての力も
発揮します。シンプルに野菜にあえるだけでも、
おいしい一品になります。

こんな料理に！
●p.56 玉ねぎと豚肉の塩昆布炒め　●p.135 きのこの塩昆
布あえ　●p.141 塩昆布しらたき

もう一品がすぐにできる

作りおきで
家飲みつまみ

作りおきはおかずだけでなく、おつまみでも大活躍します。
パパッと作って「さあ飲もう！」というときにぴったり！
何品か並べれば、充実のおうち居酒屋になります。

キャベツめんたい

作りおきを活用

ざく切りキャベツ

Erika's Policy
晩酌タイムでリフレッシュ。
レシピのアイデアがわいてきます

あえ物

なすのユッケ風

細長くさいたなすに、たれと黄身をよくまぜて一気にいただきます

作りおきを活用

蒸しなす
p.70
冷凍保存

ビビンだれ
p.80
冷蔵保存

材料（2人分）

蒸しなす(p.70) … **2本**
ビビンだれ(p.80)
　　… **大さじ1と1/2**
卵黄 … **1個分**
いり白ごま … 適量

作り方

1　解凍した蒸しなすは手で縦に8等分に裂き、水けをしぼる。ビビンだれをまぜ、器に盛る。

2　1の中央にくぼみをつくり、卵黄を落としてごまを振る。

| 1人分 **81**kcal | 塩分 **0.8**g |

砂肝のねぎ塩レモン

砂肝をかむたびに、香ばしいたれとレモンの風味が広がります

材料 （2〜3人分）

砂肝 … 200 g

A ［ ねぎ塩だれ(p.80) … 大さじ2
　　 レモン汁 … 大さじ1

サラダ油 … 適量

作り方

1 砂肝は筋をとり、食べやすい
　大きさに切る。

2 フライパンにサラダ油を熱し
　て1を炒め、火が通ったらA
　を加えてまぜる。

│ 1/3量 **101**kcal │ 塩分 **0.7**g │

作りおきを活用

ねぎ塩だれ
p.80
冷蔵保存

ピリ辛こんにゃく 炒め物

こんにゃくにまぶした甘辛だれは
どんな食材にも合います

材料 （2人分）

こんにゃく … 200 g

A ［ ビビンだれ(p.80) … 大さじ2
　　 鶏ガラスープのもと … 小さじ1/2

いり白ごま … 適量

作り方

1 こんにゃくは一口大に切り、熱湯
　でさっとゆでる。

2 フライパンに入れてからいりし、
　水分が飛んだらAを加えてさっと
　炒め合わせ、ごまを振る。

│ 1人分 **43**kcal │ 塩分 **1.0**g │

作りおきを活用

ビビンだれ
p.80
冷蔵保存

キャベツめんたい

解凍したくったりキャベツに、明太子の粒々食感が楽しいです

材料 (1人分)

ざく切りキャベツ(p.42) … 100g
からし明太子 … 1/2腹
しょうゆ … 小さじ1/3

作り方

1 キャベツは解凍し、水けをぎゅっとしぼる。明太子は薄皮を除いてほぐす。

2 1にしょうゆを加えてまぜる。

| 全量 **56**kcal | 塩分 **1.7**g |

作りおきを活用

 ざく切りキャベツ
p.42
冷凍保存

無限春菊

どんどん食べられちゃうあえ物は、もう一品ほしいときの強い味方

材料 (2人分)

ざく切り春菊(p.79) … 200g
A[すり白ごま … 大さじ1
　 砂糖 … 小さじ1
　 しょうゆ … 小さじ1と1/2

作り方

1 春菊は解凍し、水けをぎゅっとしぼる。

2 ボウルにAをまぜ合わせ、1を加えてあえる。

| 1人分 **67**kcal | 塩分 **0.9**g |

作りおきを活用

 ざく切り春菊
p.79
冷凍保存

きゅうりのわさび漬け 漬け物

定番の浅漬けにわさびを加えた、さわやかなおつまみ！

材料 （2人分）

きゅうりの浅漬け(p.75) … 100 g
練りわさび … 小さじ1/2
砂糖 … 小さじ1/2

作りおきを活用

きゅうりの浅漬け
p.75
冷凍保存

作り方

きゅうりの浅漬けにわさびと砂糖を加えてまぜ、30分くらいおく。

| 1人分 27kcal | 塩分 2.6 g |

ごまエリンギ あえ物

エリンギはごまがからみやすいよう、薄切りにします

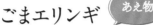

材料 （2人分）

エリンギ(p.66) … 1パック

A
┌ 鶏ガラスープのもと … 小さじ1
│ しょうゆ … 小さじ1
│ 砂糖 … 小さじ1/2
│ ごま油 … 小さじ1
└ いり白ごま … 少々

作り方

1 エリンギはななめ薄切りにし、耐熱容器に入れて電子レンジで約2分加熱する。

2 1の水分を捨て、合わせたAを加えてまぜる。

| 1人分 33kcal | 塩分1.1 g |

作りおきを活用

冷凍きのこ
p.66
冷凍保存

＊エリンギを食べやすく切り、ほかのきのこと同様に冷凍保存しておくと便利

塩昆布しらたき 炒め物

塩昆布のうまみが、シンプルな食材を味わい深くします

材料 （2人分）

しらたき … 150 g
塩昆布 … 8 g
ごま油 … 小さじ1
細ねぎ … 適量

作り方

1 しらたきは熱湯でさっとゆで、食べやすい長さに切る。

2 フライパンに1を入れてからいりし、チリチリと音がしてきたらごま油を加えて炒め合わせる。塩昆布を加えてまぜ、細ねぎの小口切りを散らす。

| 1人分 9kcal | 塩分 0.7 g |

食材別索引

野菜

肉類

中井エリカ（なかい えりか）

大学卒業後、管理栄養士として社員食堂に勤務し、献立やレシピ作成に携わる。結婚・出産後は、フリーランスの管理栄養士として、レシピ開発や栄養関連の記事執筆などを行う。さらに「簡単・おいしい・栄養満点」をモットーに、InstagramやYouTubeチャンネル「食堂あさごはん」でもレシピや料理に関する情報を発信。著書に『野菜がおいしすぎる作りおき 管理栄養士の体にいいラクおかず184』（エムディエヌコーポレーション）、『栄養を捨てない料理術』（大和書房）など。

staff
デザイン　tabby design
撮影　佐山裕子（主婦の友社）
構成・文・スタイリング　荒川典子（AT-MARK）
撮影協力　幸本正美
編集担当　町野慶美（主婦の友社）

「冷凍作りおき」で平日ラクラク!
食堂あさごはんの晩ごはん

2021年11月30日　第1刷発行

著　者　中井エリカ
発行者　平野健一
発行所　株式会社主婦の友社
　　　　〒141-0021 東京都品川区上大崎3-1-1 目黒セントラルスクエア
　　　　電話 03-5280-7537（編集）　03-5280-7551（販売）
印刷所　大日本印刷株式会社